ROSANGELA MORO

OS DIAS MAIS INTENSOS

Uma história pessoal de
SERGIO MORO

Planeta

Dedico esta obra aos meus filhos, com quem compartilho valores cristãos de respeito ao próximo. Que sirva também de registro daquilo que acredito ter sido a contribuição do pai deles ao país.

Copyright © Rosangela Moro, 2020
Copyright © Editora Planeta do Brasil, 2020
Todos os direitos reservados.

PREPARAÇÃO: Fernanda Guerriero Antunes
REVISÃO: Diego Franco Gonçales e Departamento editorial da Editora Planeta
DIAGRAMAÇÃO: Alexandre Paris
CAPA: Jonatas Belan

DADOS INTERNACIONAIS DE CATALOGAÇÃO NA PUBLICAÇÃO (CIP)
ANGÉLICA ILACQUA CRB-8/7057

Moro, Rosangela, 1974-
 Os dias mais intensos: uma história pessoal de Sergio Moro / Rosangela Moro. – São Paulo: Planeta, 2020.
 152 p.

ISBN 978-65-5535-170-5

1. Moro, Rosangela, 1974- Memória autobiográfica 2. Moro, Sergio Fernando, 1972- Família 3. Moro, Sergio Fernando, 1972- Política 4. Brasil - Política I. Título

20-3214   CDD 923.2

Índices para catálogo sistemático:
1. Políticos - Brasil

2020 Todos os direitos desta edição reservados à
EDITORA PLANETA DO BRASIL LTDA.
Rua Bela Cintra, 986, 4º andar – Consolação
São Paulo – SP CEP 01415-002
www.planetadelivros.com.br
faleconosco@editoraplaneta.com.br

SUMÁRIO

AS HORAS QUE ANTECEDERAM 9
A PRIMEIRA IMPRESSÃO NÃO É A QUE FICA 17
O DIA DO SIM 21
O DIA DEPOIS DO SIM 27
O BERÇO 35
VOLTANDO A 2018: AS ELEIÇÕES 39
"EUMOROCOMELE" 45
A POSSE 47
DAVOS 53
UM ANO SUPREMO 57
A LAVAGEM DE DINHEIRO: 2003 59
A FAMA IMPOSTA 63
O NASCIMENTO DA LAVA JATO: MARÇO DE 2014 67
TCHAU, QUERIDA 71
LULA *VS.* MORO 75
OREMOS 79
A REPÚBLICA DE CURITIBA 83
A LEI É PARA TODOS 87
AGOSTO DE 2019 93
OS FINS DE SEMANA EM BRASÍLIA 99
NÃO, ELES NÃO SÃO UMA COISA SÓ 103
O OLHAR PARA AS MINORIAS 107
FAZ DIFERENÇA 113
REVISTA *TIME* 115
DOUTOR *HONORIS CAUSA* 119
UMA NOITE NO MUSEU 121
CONFERÊNCIA DE ESTORIL 123
LEVANDO BRONCA 125
ANTES DE ELE VOLTAR 131
QUANDO ELE VOLTOU 135
A MELHOR DEFESA NÃO PODE SER O ATAQUE 139
O LIMITE DO ACEITÁVEL 141
AGRADECIMENTOS 143

Não existe crime mais sério do que a corrupção.
Outras ofensas violam uma lei, enquanto a corrupção ataca as fundações de todas as leis.
Sob nossa forma de governo, toda autoridade está investida no povo e é por ele delegada para aqueles que os representam nos cargos oficiais. Não existe ofensa mais grave do que a daquele no qual é depositada tão sagrada confiança e que a vende para o seu próprio ganho e enriquecimento.
E não menos grave é a ofensa do pagador de propinas. Ele é pior que o ladrão, porque o ladrão rouba um indivíduo, enquanto o agente corrupto saqueia uma cidade inteira ou Estado. Ele é tão maligno como o assassino, porque o assassino pode somente tomar uma vida contra a lei, enquanto o agente corrupto e a pessoa que o corrompe miram, de forma semelhante, o assassinato da própria comunidade.

Theodore Roosevelt, 1903

AS HORAS QUE ANTECEDERAM

A terceira semana do mês de abril de 2020 teria sido uma daquelas de que mais gostaríamos, com a família toda reunida, não fossem os acontecimentos que se seguiram. Desde que Sergio assumiu o trabalho em Brasília, nós passamos a aproveitar os fins de semana, quando ele voltava a Curitiba, para fazer programas em conjunto – desde assistir a um filme, visitar familiares, amigos próximos ou simplesmente ficar em casa, mas juntos.

Meu marido sempre adorou estar na companhia dos filhos – que não são mais crianças, mas também não são adultos –, e sentia certa dose de culpa por se ausentar a semana inteira, então a prioridade dele era que nos reuníssemos quando ele retornasse para casa (o que sempre pôde fazer, com exceção de apenas um ou dois fins de semana). Claro que, aproveitando-se dessa vulnerabilidade paterna, nossos filhos ditavam as regras, desde a qual filme ou série assistir até que tipo de comida fazer ou a qual restaurante ir. Sergio e eu ficamos reféns da programação deles, mas sempre felizes.

A correria do dia a dia de estudantes com pais que trabalham bastante – Moro ficando em Brasília, geralmente, de segunda a sexta-feira; eu indo e vindo a Brasília com alguma frequência também – pedia fins de semana de repouso, e naquele mês, com o feriado de Tiradentes caindo na terça-feira, nós teríamos a presença de Sergio em casa por mais tempo, o que nos permitiu um domingo inteiro de conversas ao redor da mesa, brincadeiras com o cachorro, leituras, maratona de séries e entretenimento familiar.

Durante aquele fim de semana, porém, eu havia percebido que algo sério o incomodava. A nossa relação de vinte e um anos de casados vem me permitindo identificar, cada vez mais, os sinais de fumaça que o deixam apreensivo e reflexivo – e, olha, com toda a discrição consolidada nas missões como juiz, garanto que não foi fácil. Ano a ano, construímos valores conjuntos e confiança mútua, o que nos fez chegar ao ponto de saber quando *habemus* problemas, e tenho orgulho da solidez de princípios com os quais criamos nossa rotina e nossos filhos. A peça principal dessa engrenagem sempre foi a transparência, marca registrada de Sergio, seja na vida privada, seja na vida pública. E, apesar de meu marido ter um estilo reservado e discreto, nunca houve segredos entre nós. Moro, porém, sempre demorava a admitir os incômodos do dia a dia no Governo, segundo ele, para não atrapalhar os momentos tão fugazes e felizes vividos nos fins de semana.

E foi assim também no feriado de 21 de abril, até que, diante da minha ansiedade e de muita insistência, Sergio foi aos poucos me confidenciando o fato de o Presidente da República estar ressuscitando o fantasma que, desde agosto de 2019, meu marido tentava manter sepultado: a troca, sem motivos, do Diretor-Geral da Polícia Federal (PF).

A direção da Polícia Federal era um tema que, volta e meia, ressurgia na pauta do Presidente, pois lhe incomodava o fato de o Diretor-Geral não ser alguém da sua rede de confiança. A mim parecia que o Presidente não confiava no Ministro Moro. Bolsonaro insistia na troca, com o argumento de que precisava de um diretor com o qual tivesse mais afinidade, talvez para tangenciar o Ministro. E, naquele fim de semana ensolarado de Curitiba, Sergio sentia que a tentativa de troca no comando – o que até então era uma probabilidade – iria, de fato, se concretizar. Em outras situações, meu marido já havia se decepcionado com as decisões do Presidente, como, por exemplo, quando Bolsonaro não lhe deu ouvidos na nomeação do importante cargo de Procurador-Geral da República, quando não vetou artigos introduzidos pela Câmara no projeto de Lei Anticrime e que prejudicavam o combate à corrupção, e ao enviar o Coaf para outra pasta (Economia). Sergio, porém, sabia que a prerrogativa era de Bolsonaro, ao mesmo tempo que tinha conhecimento de que aquelas eram situações pontuais e que ele tinha condições de seguir em frente. Não lhe cabia opção a não ser respeitar as decisões do Presidente. Era ele, Bolsonaro, o detentor do mandato e Moro tinha consciência disso, mesmo sendo cobrado diuturnamente pela imprensa e pela sociedade.

Notei que Moro, sempre defensor da autonomia e da independência da Polícia Federal – o que, desde o princípio, era sabido por Bolsonaro –, estava realmente preocupado naquela véspera de feriado. Quando meu marido está apreensivo, ele não se concentra em nada e, mesmo na nossa presença, parece voar longe. Mais que isso, ele estava abatido e profundamente decepcionado.

Eu o escutava sobre o que se referia às atividades do Ministério da Justiça e Segurança Pública, mas, como não trabalho nesse segmento, geralmente eu não dava palpite; por ser formada na área, porém, sei compreender os argumentos e as possibilidades legais. Contudo, no meu íntimo, eu sabia que o "casamento" – para usar as palavras do Presidente – poderia estar chegando ao fim.

Conforme mencionei anteriormente, Moro confidenciou a mim que o fantasma estava sendo ressuscitado – e, dessa vez, com toda a sagacidade. Ele já havia tido algumas decepções que o impediram de alcançar melhores resultados para a sociedade, mas seguira em frente, tendo em vista que a sua missão era servir ao país. Sergio não se abalava, e seu plano era implementar avanços na agenda anticorrupção e anticrime organizado e violento.

Na esteira desse sentimento de que a batalha por fazer a coisa certa poderia estar chegando ao fim, meu marido embarcou de volta a Brasília na manhã do dia 21. Eu fiquei aflita, meu coração estava acelerado e considerei acompanhá-lo, mas naquela semana a minha presença ao seu lado seria impossível e impraticável, diante da urgência dos processos judiciais que me aguardavam em meu escritório. Além disso, eu estava assustada com as consequências da pandemia do novo coronavírus e achei melhor ficar em casa, cumprindo o distanciamento social com nossos filhos, na certeza de que estar ao lado deles também tranquilizava Sergio. Nós, adultos, nos viramos sempre e ficamos longe se preciso for, mas nosso coração se tranquiliza se ao menos um de nós dois permanecer na companhia dos filhos.

Acordei no dia 22 também com uma sensação ruim, aquele sexto sentido que não costuma falhar. Como sempre faço todas as manhãs, fortaleci minhas preces e pedi a Deus que iluminasse os nossos caminhos e as nossas decisões. A não ser pelo distanciamento social imposto pela pandemia, segui, sem sobressaltos, minha rotina naquela quarta-feira. Pela manhã, mal consegui falar com Sergio. Ele estava na reunião ministerial, aquela que, tempos mais tarde, tornou-se pública.

No dia 23, já comecei a receber muitas ligações de jornalistas e de curiosos para saber o que Moro faria, pois havia vazado na imprensa que o Diretor-Geral da Polícia Federal seria exonerado pelo Presidente. Como sempre, respondi que nada sabia, pois meu marido nunca me adianta nada e porque eu não interfiro nas decisões dele. Quando ele quer conversar estou sempre a postos, mas não me meto – e, nesse caso, eu só vim a saber de sua decisão na madrugada do dia seguinte.

Eu tentava contato. Naquela quinta-feira, ainda mais apreensiva ao saber dos desdobramentos que se davam a cada minuto, já noticiados de alguma forma pela mídia, enviei ao meu marido dezenas de mensagens, via aplicativo de celular, mas ele, imerso no turbilhão de decisões que se impunham, mal me respondia.

No meio da tarde, ainda no dia 23, entre reuniões (agora virtuais), eu liguei para Moro. Logo no início da conversa, percebi que o tradicional tom leve, e até brincalhão, com o qual ele sempre falava comigo havia sido substituído por uma profunda tristeza. Ele comentou que o Presidente estava irredutível. Sobre a reunião ministerial do dia anterior, Sergio nada me falou. Sempre muito discreto, nunca falou mal de nenhum dos integrantes do Planalto, e foi um fiel escudeiro no tempo em que lá esteve.

Meu marido me pareceu meio atônito, pois entendia ser preciso tomar uma decisão. Ele me disse que teve uma agenda com

Bolsonaro no dia 23, com quem conversou pessoalmente naquela mesma manhã. Até então, Sergio ainda tinha a esperança de que Bolsonaro acatasse seu conselho ou, alternativamente, ajustasse uma escolha para a continuação do trabalho de Valeixo. Moro apontou como sugestão, segundo a hierarquia, o Delegado Disney Rosseti, então Diretor Executivo da Polícia Federal. No entanto, pelo que ele me confidenciou, o Presidente tinha outros planos.

Após a reunião com Bolsonaro, Moro falou com os Generais Palacianos, chamados de "bombeiros" porque, como pessoas ponderadas e próximas ao Presidente, sempre entram em cena quando há a necessidade de apaziguar relações ou diminuir a temperatura das crises. Os bombeiros aconselham o Presidente quando, é claro, ele permite ser aconselhado.

Moro me falou que havia demonstrado aos generais não ver mais sentido em permanecer no Governo se a mudança se concretizasse. Ele abandonara a magistratura porque acreditava poder evoluir com mudanças na lei de combate à corrupção, porém, as condições de trabalho de que ele precisava não estavam mais asseguradas. Não se tratava apenas da troca do Diretor da PF, mas de uma série de decisões anteriores que colocavam em dúvida o compromisso do Governo com a sólida agenda anticorrupção.

Moro falou para Bolsonaro que se via, então, obrigado a deixar o Governo. Do contrário, seria o mesmo que alguém impor ao Presidente descer goela abaixo algum Ministro de Estado. Se Bolsonaro não pode trabalhar com a própria equipe e mostrar os resultados que pretende, Moro também não podia. Há outras situações nas quais o Planalto não deu autonomia a Ministros: antes do Sergio, aconteceu com Mandetta; depois, com Teich, e até mesmo com Regina Duarte.

Apesar de ter sido quase bloqueada no WhatsApp, o esgotamento ainda não havia me dominado. Enquanto participava de uma videoconferência com o pessoal do escritório, li diversas notas que pipocavam na imprensa, pois eu só queria saber como meu marido estava lidando com a situação. A única resposta dele em meio à tempestade foi: "Não se preocupe, estou sereno".

No fim do dia 23 de abril, ao observar o entardecer da minha janela, em Curitiba, lembrei-me do quanto Moro já havia me falado a respeito das dificuldades que enfrentava no Governo, especialmente sobre o abandono da agenda anticorrupção e também da tentativa frustrada de a pasta da Saúde implementar um plano nacional de contingência contra o novo coronavírus. Embora eu me esforçasse para demonstrar o contrário, já havia algum tempo eu me sentia desconfortável com a atitude do Governo Federal diante da pandemia da Covid-19.

Como uma legítima esposa insistente, tentei contato com meu marido muitas outras vezes naquela noite do dia 23, mas ele não me atendeu. Moro tem uma particularidade a qual invejo: mesmo diante das situações mais tensas, ele sempre consegue se desconectar, nem que seja por poucos instantes, para retomar a conexão com os fatos reais, com foco total. Eu não sou assim. Em momentos tensos, desconecto somente quando a exaustão me domina.

Ainda à noite, muitos tentaram contato comigo e com pessoas próximas a mim, a fim de que eu interferisse nas decisões do Sergio. Aliás, me causa surpresa saber que cargos palacianos moviam esforços para dissuadir Moro da decisão de deixar o Governo quando o próprio Planalto estava fritando Sergio.

O fato é que, na minha opinião, Bolsonaro não queria mais Moro no Governo. O que parecia um ímã passou a ser um polo oposto. O Presidente, como chefe de Estado, poderia simplesmente ter dispensado Sergio Moro. No entanto, isso faria o Planalto perder capital político, o que obviamente não interessava. Sergio tem um capital político que incomoda a muitos.

Moro foi surpreendido na madrugada do dia 24 com a exoneração "a pedido" do Diretor-Geral da PF. Moro não assinou isso. O Planalto exonerou o Diretor-Geral sem que Sergio, a quem o Diretor-Geral era subordinado, desse sua concordância.

Quando o Presidente trocou o Diretor-Geral sem a concordância de Moro, meu marido sentiu-se obrigado a deixar o Governo.

Na manhã do dia 24, Moro pronunciou sua despedida do Governo Federal. Ao afirmar que não podia comprometer a sua biografia, o que ele quis dizer foi que é um homem da lei, tendo sempre feito uso dela para pautar a sua atividade. A lei obriga o trato da coisa pública com critérios técnicos. Valeixo era para Moro uma escolha técnica. Para meu marido, a lei está sempre acima de tudo e deve ser aplicada a todos, indistintamente. Não fosse essa a sua postura, não teria sentenciado pela condenação de tantas outras pessoas poderosas no decorrer da primeira instância da Operação Lava Jato.

Essa é a razão de eu ter afirmado, em minhas redes sociais, que não poderia esperar outra atitude ética dele. Ele tomou a sua decisão e desagradou muita gente, mas penso que quem defende a Lava Jato e, ao mesmo tempo, critica a saída dele do Governo pode estar sendo injusto. Em contrapartida, aqueles que compreendem o que é a Lava Jato sabem que ele não poderia ter agido de outra maneira.

Às 17h do dia 24, assisti ao pronunciamento do Presidente. Ele falou a respeito do aquecimento solar da piscina e sobre o fato de a sogra não haver feito plástica, além de informar à população que o cardápio das refeições palacianas havia sido reinventado e que um de seus filhos namorava meninas do condomínio.

No que se refere a Moro, ouvi no pronunciamento, juntamente a todo o Brasil (porque em rede nacional), aos 25 minutos e 57 segundos, aproximadamente, o seguinte: "E mais, já que ele falou em algumas particularidades, mais de uma vez o senhor Sergio Moro disse para mim: 'Você pode trocar o Valeixo sim, mas depois que o senhor me indicar em novembro para o Supremo Tribunal Federal'".

Fiquei decepcionada. Eu conheço a índole do meu marido, sei que ele não aceitou o cargo de Ministro de Estado condicionado à vaga no Supremo. Sei que ele jamais agiria de tal maneira. Acredito, em meu íntimo, que Bolsonaro jamais o nomearia. Acaso Moro quisesse a promessa de ser nomeado para a Corte, teria simplesmente aceitado a substituição do Diretor-Geral da Polícia Federal da forma que o Presidente queria. Também não posso deixar de registrar que compartilho do pensamento do Sergio e acho que o mais apropriado é discutir a vaga do Ministro Celso de Mello somente após a aposentadoria dele.

A maneira de Sergio provar que jamais barganhou vaga no Supremo ou em qualquer lugar foi mostrar as mensagens que a deputada Carla Zambelli endereçara a ele, as quais reproduzo a seguir apenas porque esse assunto foi levantado pelo Presidente: "Por favor, Ministro, aceite o Ramagem. E vá em setembro para o STF. Eu me comprometo em ajudar, a fazer o JB prometer".

Ao que ele respondeu: "Prezada, não estou à venda".

Sergio precisava se defender e enviou as mensagens à imprensa.

Bolsonaro disse em alto e bom som, em rede nacional, que Moro condicionou aceitar a troca do Diretor-Geral à sua nomeação para o Supremo Tribunal Federal, e Sergio viu naquelas mensagens de Carla Zambelli a possibilidade de defender-se.

Sergio não foi traidor. A deputada também não o traiu, porque não lhe devia lealdade. Seu dever de lealdade é para com seus eleitores e as bandeiras que ela defende diante destes. E ninguém melhor do que seu eleitorado para julgar seus atos.

Voltando ao dia 23, mal dormi naquela noite, tamanha era a preocupação com o momento decisivo vivido por meu marido, sem falar no fato de eu estar fisicamente longe e impedida de fortalecê-lo com um abraço. Passei a madrugada refletindo sobre tudo o que acontecia e, ainda sentada no sofá da sala, vi o dia amanhecer.

Eu lhe enviei as melhores vibrações possíveis, mas a madrugada escura acendeu a luz definitiva: o Diário Oficial da União trazia a exoneração de Maurício Valeixo, sem que dela Moro tivesse sido avisado.

Às 6h23, Sergio me mandou a seguinte mensagem: "Vou dar uma coletiva às 11h explicando os fatos e a minha saída".

Ele tinha tomado uma decisão. E era irreversível. Para mim, diante daqueles fatos e da realidade não contaminada pela narrativa política, era o único caminho eticamente aceitável.

Deixar o Governo cabia exclusivamente ao meu marido, mas confesso: vê-lo abrir mão do cargo para não ceder a suas convicções só fez aumentar ainda mais a minha admiração por ele. Eu acho constrangedor ver como algumas pessoas perdem a essência na disputa por cargos, matam seus valores e dignidade. Graças a Deus, nós não fomos criados assim.

Desliguei meu telefone, dormi uma ou duas horas e às 11h estava em frente à televisão para ouvir o pronunciamento de despedida de Sergio Moro.

Estávamos ainda mais unidos. A decisão implicava o início de um novo capítulo de nossa vida, iniciada há mais de duas décadas, quando uma jovem estudante de Direito se apaixonou pelo professor...

A PRIMEIRA IMPRESSÃO NÃO É A QUE FICA

A Faculdade de Direito de Curitiba era uma das mais tradicionais em meados de 1990, na qual orgulhosamente ingressei em 1992, após duas fases de processo seletivo para a graduação, que duraria cinco anos, porém nem tão certa de que Direito era o curso ideal para mim. A instituição era gigante pela qualidade dos professores que lecionavam, mas pequena se comparada à estrutura física da Universidade Federal do Paraná e da Pontifícia Universidade Católica de Curitiba, que também ofertavam bacharelado em Direito naquela época.

Formavam-se por ano somente cem alunos, divididos em dois semestres. A cada ano, portanto, havia somente duas turmas, separadas pelo critério alfabético. Eu sempre fui da Turma B. Cursei dez semestres intensos e procurei fazer estágios com duração de seis meses cada, diversificados por áreas, até me identificar com alguma, o que aconteceu com o Direito Público.

Uma das tradições que agradavam os formandos eram as chopadas, oferecidas pelos professores homenageados, para comemorar informalmente a formatura dos alunos, bem como os vínculos de amizade que eles estabeleciam conosco. Os docentes sempre iam aos churrascos e festas que as turmas faziam.

É certo dizer que, no último semestre, era preciso segurar a ansiedade das festividades para garantir a média mínima de sete pontos e a frequência inegociável de 75%. Eu estudava à noite e as aulas tinham início às 19h30, mas algumas delas excepcionalmente começavam às 18h50. Foi o caso da aula de Direito Constitucional de Habilitação Específica, ministrada às sextas-feiras, a qual passei a cursar no segundo semestre de 1996. A essa altura, eu já trabalhava o dia inteiro e ia direto para a faculdade. Por algum motivo de saúde do professor titular de Direito Constitucional, a turma ficou sem aulas dessa matéria por volta de três semanas até que o novo professor assumisse, já que o originalmente previsto não retornaria naquele semestre.

A cada sexta-feira, extraoficialmente, ficávamos sabendo se o professor licenciado havia sido substituído e se teríamos aula. Até o quadro ser reposto, eu chegava para a segunda aula, que iniciava em torno das 21h, o que me dava tempo de ir para casa, tomar banho e jantar.

Em uma dessas sextas-feiras, a faculdade designou algum professor interino, que fez a chamada para a consignação da frequência justamente quando eu não estava. Isso não teria sido problema se ele não tivesse lançado como falta as aulas retroativas: aquelas que não foram dadas porque o professor titular estava licenciado. Com isso, em uma canetada só eu levei doze faltas. Era o limite máximo. Uma falta a mais e eu seria reprovada.

A faculdade levava a sério o cômputo da frequência e, uma vez registrada uma ausência, conseguir uma retificação era missão quase impossível. Seria mais fácil ter uma audiência com o Papa do que lograr êxito em uma alteração de frequência pela Secretaria. Ou seja, ninguém poderia me ajudar com esse problema, o que me restava tratar o assunto diretamente com cada professor.

Surge então Moro, recém-contratado, para assumir a cadeira de Direito Constitucional. Apresentou-se. Era juiz federal, graduado pela Universidade Estadual de Maringá e Mestrando em Direito do Estado pela Universidade Federal do Paraná. Tinha um sotaque característico do interior. Não revelou a idade, mas percebemos que era alguém muito novo. Caso se sentasse em uma das carteiras escolares destinada aos alunos, passaria por um de nós e ninguém diria o contrário.

Já na primeira aula, ele nos deu intensas referências de decisões da Suprema Corte Norte-Americana, berço do controle de constitucionalidade, que no Brasil é manejado principalmente pela Ação Direta de Constitucionalidade (ADI). Seria um semestre difícil. Que pesadelo! A turma estava assustada com o nível de exigência do professor. Todos pensando na formatura, em vestidos, festas e comemorações, e Moro despejando na classe jurisdição constitucional em nível máximo.

Encerrada a aula, fui falar com ele. Expliquei o que havia acontecido e indaguei se poderia retificar as minhas ausências, ou parte delas, porque eu estava no limite máximo de faltas e realmente eu achava injusto não haver aula e ter ausência registrada. Também, se ficasse doente ou se apenas me atrasasse em data futura, eu estaria sumariamente reprovada.

"Prezada, é só não faltar mais", foi tudo que ouvi.

Não saberia descrever o ódio que senti. Não houve argumento exitoso.

A partir de então, eu era uma das primeiras alunas a chegar para assistir à aula mais densa de Direito Constitucional que um graduando sonharia ter àquela época. As provas eram difíceis e eu estudava intensamente para não reprovar. Passei, mas com nada além dos sete pontos mínimos.

A formatura aconteceu em janeiro de 1997. Os professores eram convidados para as festividades, mas não lembro se ele participou ou não. Naquela época, eu namorava outra pessoa havia uns dois anos, que foi a minha companhia para as comemorações.

Também não me recordo da data exata, mas uns seis ou oito meses após a formatura encontrei Moro e um amigo em um barzinho onde eu tinha ido com uma amiga. Conversamos e demos risada, recordando o episódio. "Professor, o senhor foi injusto comigo", eu lhe disse. Ao que ele respondeu: "Eu não sou mais seu professor".

O DIA DO SIM

Em novembro de 2018, Moro – ainda juiz – viajou ao Rio de Janeiro a fim de conversar com o Presidente eleito, que lhe formalizaria o convite para assumir o Ministério da Justiça e Segurança Pública. Sergio contava com vinte e dois anos de magistratura desde que ingressara na carreira por meio de concurso, que tem fases eliminatórias as quais englobam provas escritas e orais, e uma etapa classificatória que considera os títulos acadêmicos dos candidatos. Sergio passou logo na primeira vez que se submeteu ao certame, no ano de 1996 – tarefa árdua e que envolveu muita dedicação. Quando o conheci ele já era juiz; logo, não participei dessa fase de preparação.

Ao mesmo tempo em que a Constituição Federal assegura algumas garantias aos magistrados, ela não permite ao juiz que se dedique a nenhuma outra atividade, exceto a de professor. Não havia, portanto, nenhuma possibilidade de Moro obter uma licença de seu cargo, trabalhar no Governo e voltar às suas atividades. Se ele aceitasse o convite, sabíamos que seria um caminho sem volta.

Financeiramente, a carreira de juiz gera discordâncias. Os que comparam os subsídios de um juiz aos da maioria da população consideram-no pertencente à elite; já os que equiparam-no aos altos cargos da iniciativa privada, avaliam sua remuneração como não tão boa assim. No entanto, o fato é que ninguém pode ser admitido no serviço público no afã de ganhar dinheiro e angariar riquezas, pois o lugar para fazer fortuna é na vida privada. Quem ingressa nessas carreiras o faz por vocação ou, no máximo, pela estabilidade que o cargo oferece; jamais para acumular fortuna. Aqueles cujo intuito é enriquecer no serviço público podem, cedo ou tarde, acabar presos — porque com dinheiro público, patrimônio público e interesse público não se brinca.

Moro e eu conversamos muito a respeito de um eventual aceite dele para assumir o Ministério da Justiça e Segurança Pública, pois essa decisão impactaria radicalmente na nossa vida familiar. Não se tratava apenas de ele morar em Brasília nos dias de semana ou de nós todos, eventualmente, nos mudarmos para lá. Não dizia respeito apenas ao fato de eu abrir um braço do meu escritório naquela cidade, o que até facilitaria minha vida profissional quando atuasse na esfera recursal. Sabíamos que, se meu marido assumisse, ele iria a fundo no combate ao crime organizado e violento e que nossa quase inexistente liberdade estaria, de vez, aniquilada. Sabíamos também que vozes se ergueriam para dizer que a Operação Lava Jato tinha viés político e que Moro a teria usado como escalada para crescer politicamente – o que nunca foi verdade.

Tínhamos a consciência de que a nossa escolha deveria ser mantida. Eu já rezava para que ele tivesse a oportunidade de sair da 13ª Vara Criminal para estudarmos fora, ou que fosse transferido a outra vara na qual poderíamos ter uma vida mais normal. No entanto, ainda assim eu concordaria, porque nunca quis carregar o peso de vê-lo frustrado por alguma decisão só para me agradar. Nossa família vivia com muitas restrições, mas todas foram superadas por meio de ajustes.

Assumindo o Ministério, sabíamos que escolta e segurança pessoal seriam mais do que nunca indispensáveis, pois Moro não brinca em serviço e não poupa ninguém no que diz respeito ao alcance da lei. Ele não poupou nem o seu cargo de Ministro.

Ao contrário do que muitos pensam, sair às ruas escoltado não tem nada de vantajoso. Nós aderimos à escolta em virtude da criminalidade enfrentada por ele desde quando era juiz, e ela seria mantida após sua ida ao Ministério. Uma chatice necessária, como eu costumo dizer.

Enquanto no Governo, nesta fase mais recente, a equipe de escolta foi sempre profissional, apta e muito bem treinada para nos proteger, todos corteses e atenciosos. No entanto, há um constrangimento duplo: o de quem faz a escolta e o de quem é escoltado. Muitos profissionais eram necessários para que pudéssemos ser escoltados vinte e quatro horas por dia em Curitiba, considerando que três dos integrantes da nossa família tinham agendas e rotinas diferentes. Havia um rodízio, mas a equipe como um todo era uma constante. E nesse grupo, claro, convive-se com todos, mas desenvolvem-se afinidades com alguns mais do que com outros.

Destaco meus elogios para a Rô, a quem todos os meus amigos conheceram e adotaram como se fosse amiga deles. Ela era cuidadosa, eficiente e estava sempre pronta, abdicando da companhia da própria família para cuidar da minha. Um ato extremo de gentileza da parte dela foi quando ouviu uma conversa entre mim e minha filha, que estava com dificuldade de comprar determinado livro dado como tarefa de leitura em sua atividade acadêmica. A Rô, discreta e carinhosamente, achou o livro em um sebo, o comprou e o entregou para minha a filha. Ela fazia o seu trabalho da maneira técnica mais correta possível e com uma empatia ímpar.

Com muita insistência, eu consegui que me disponibilizassem um carro blindado para ter um pouco mais de liberdade. Claro que usar escolta e segurança interfere na privacidade, mas, para mim, a grande dificuldade foi perder a minha mobilidade. Isso facilitaria minha vida e agenda porque trinta minutos de espera no decorrer do dia equivalem a um tempinho para atravessar a rua e fazer as unhas, por exemplo. Alterar a programação envolvia uma logística que, às vezes, levava mais de trinta minutos para implementar. Nós já sustentávamos duas casas e não cabia no nosso orçamento a compra e manutenção de um carro blindado, cujo preço equivale ao de dois – despesa que nós não podíamos assumir. Eu sempre tive consciência de que os profissionais da equipe não eram meus empregados e eu não os tratava como tais. Nunca fiz isso. Ninguém carregava minhas malas ou minhas compras. Claro que, por serem gentis, auxiliavam quando algo era pesado, mas eles não estavam conosco para isso. Aliás, esses profissionais precisam mesmo manter suas mãos livres para poder agir de prontidão em caso de necessidade, o que graças a Deus jamais aconteceu.

Eu me sentia constrangida por usar escolta porque não me acho melhor do que ninguém para ter essa comodidade. Nossos filhos não merecem mais proteção do que os filhos das outras pessoas. Todos nós podemos ser vítimas de assaltos e de violências. No entanto, o fato é que Moro virou alvo de muitos inimigos em função de uma atividade institucional. Ele prendeu bandidos, enfrentou facções criminosas e indivíduos poderosos que poderiam se vingar. Não se tratava de ter medo de assalto, como de fato todos temos, ou de recear sofrer constrangimento com *haters*. A preocupação era pelo fato de meu marido ter saído da sua zona de conforto enquanto parte de uma engrenagem estatal para o bem da sociedade, e isso eu tive que aceitar.

Há aproximadamente dez anos, aprendi a conviver com escolta e equipe de segurança. Você vai a um restaurante e não pode escolher a qual mesa quer se sentar, porque é preciso que seja aquela estrategicamente mais bem posicionada. Se vai a um show, ou disfarça-se ao extremo ou acaba virando atração, diante do tamanho da equipe que o acompanha. No mercado, todos conferem o que você está comprando, tiram fotos e publicam. Eu mudei hábitos, me adaptei e passei a fazer uso de serviços de entrega domiciliar, pois não gosto de ver pessoas julgando o que há em meu carrinho de compras para, depois, divulgar nas redes. Nem à praia íamos mais. Desagrada-me a ideia de me fotografarem em momentos de privacidade para postar na internet.

Apesar de tudo isso e mesmo sabendo que andar escoltado seria a nossa rotina, apoiei meu marido para que ele desse o seu aceite ao Presidente.

Sobre o desafio de exercer o trabalho como Ministro de Estado da Justiça e Segurança Pública, Sergio acreditava ser possível consolidar o combate à corrupção e ao crime violento da mesma forma que o candidato manifestava que essa ação seria uma das bandeiras no novo Governo.

Meu marido, então, embarcou sabendo que teria o meu apoio para qualquer decisão que viesse a tomar. Como sempre, as escolhas que envolvem o trabalho dele são debatidas porque impactam a minha vida e a de nossos filhos, mas, conforme eu relatei anteriormente, nunca me senti no direito de impor ou mesmo pedir que ele fizesse suas escolhas profissionais para me deixar em situação mais confortável emocionalmente. A mim interessa vê-lo feliz, realizado, e não uma pessoa frustrada. Jamais quis ser a causa da frustração de alguém, especialmente a dele.

Moro embarcou com destino ao Rio de Janeiro para conversar com Bolsonaro, levando consigo uma pauta temática que considerava indispensável ao Ministro de Estado por meio da qual pretendia consolidar atos de enfrentamento da corrupção, do crime organizado e crime violento: a agenda anticorrupção e anticrime organizado.

No mesmo voo de Curitiba com destino ao Rio, embarcaram também alguns jornalistas encarregados da cobertura da reunião do juiz da Lava Jato com o Presidente eleito. Eu não sabia qual seria a resposta que ele daria a Bolsonaro – e, na verdade, nem ele sabia, pois tudo iria depender do rumo da conversa entre os dois (que poderia ser de convergência ou divergência de projetos).

As manifestações públicas vindas do então candidato à Presidência, de acabar com o foro privilegiado, de ser contra a nomeação para cargos por motivos que não fossem técnicos, de não ser a favor do toma lá dá cá da velha política, faziam parecer que seria o início de um novo tempo, tão aguardado pelos brasileiros.

Um dos jornalistas que havia embarcado no mesmo voo partindo de Curitiba era a minha "fonte" e ia me mantendo informada da movimentação na casa do Presidente no Rio de Janeiro. Ao sair da reunião, Moro não se pronunciou para a imprensa, somente veio a fazê-lo mais tarde.

Aos jornalistas e veículos de comunicação, Bolsonaro teria dito algo como:

Conversamos por uns quarenta minutos. Ele expôs, logicamente, o que pretende fazer caso seja Ministro. Eu concordei com 100% do que ele propôs, né? Ele queria liberdade total para combater a corrupção e o crime organizado e um Ministério com poderes para tal. Eu até adiantei:

Quem sabe uma fração da Coaf dentro do Ministério da Justiça? A questão de a segurança ir para a Justiça, nós já tínhamos decidido, bem como as nomeações. Ele tem ampla liberdade para realmente exercer o trabalho lá. Da minha parte, sempre fui favorável a isso. Dei o sinal verde e ele aceitou o convite. Não podemos deixar continuar crescendo como está a violência no país via crime organizado. E o caminho para combater isso é seguir o dinheiro. E você tem que ter meios para tal. E o Ministério da Justiça daria todos os meios para Sergio Moro perseguir esse objetivo.

As agendas do Bolsonaro e do Moro de combate ao crime organizado e à corrupção pareciam atraídas por um ímã. E ele disse sim.

O DIA DEPOIS DO SIM

Após o aceite para ser Ministro da Justiça e Segurança Pública, o plano de Moro era pedir fruição das férias acumuladas como juiz a fim de trabalhar na equipe de transição do Governo. Seria também um tempo para assimilar a nova realidade, afinal tudo havia acontecido muito rápido e apenas dois meses antecediam a data da posse oficial. Sergio requereu as férias, mas o Conselho Nacional de Justiça (CNJ) informou que elas não seriam aprovadas por questões de constitucionalidade. O cordão umbilical tinha que ser imediatamente cortado e meu marido, então, tendo tomado uma decisão, pediu a exoneração do cargo.

Cortado o vínculo com o TRF4, Moro passou a se dedicar integralmente às tarefas da equipe de transição do Governo Federal. Mal teve tempo de lamentar a saída da magistratura porque estava de fato envolvido em se inteirar das pastas da Justiça e da Segurança Pública, e sentia-se feliz e ansioso diante do novo desafio. Esses dias foram bem atribulados, em termos de agenda, para nós dois. Ele partia para Brasília e eu me virava com os meus compromissos e os de nossos filhos.

Naquele mês de novembro, em razão de uma viagem de trabalho aos Estados Unidos, não pude ser muito colaborativa. Como eu não consegui ajudá-lo a encontrar um lugar para morar, ele cuidou de tudo sozinho.

Isso me fez lembrar do início da nossa história.

Após um ano daquele nosso encontro no barzinho e de tê-lo conhecido melhor, decidi largar meu início de carreira por amor. Eu morava em Curitiba, era recém-formada, havia sido aprovada na OAB, estava empregada, ganhando meu próprio dinheiro e morando na casa dos meus pais.

Foi então que surgiu um impasse. A pessoa por quem eu estava apaixonada assumiria um cargo no interior do estado, a mais ou menos 500 km de Curitiba. Acreditando que o nosso relacionamento não poderia dar certo com os dois morando cidades diferentes (eu tinha apenas 25 anos), decidi que iria com ele, após receber um lindo anel de noivado.

Na época, a minha melhor amiga me indagou quão louca eu estaria sendo em simplesmente partir e deixar a minha promissora carreira, ainda no início, por causa de alguém que conhecia havia tão pouco tempo. E os amigos do Moro lhe falaram o mesmo, o que ele me contou bem mais tarde. No entanto, eu estava decidida. Nós estávamos decididos.

Assim eu fui. Antes, porém, organizamos uma festa de casamento bem íntima para dividir com pessoas especiais um momento que para mim era mágico, e também porque meus pais eram muito rigorosos e só me dariam as bênçãos para sair de casa e ir morar com um homem se eu estivesse casada diante da Igreja. Fui criada por uma família católica, com idas a missas aos domingos e cumprindo todos os sacramentos. Até então, o meu projeto de vida era me tornar uma mulher independente, dona do meu tempo, dos meus horários, das minhas conquistas e dos meus fracassos. Eu buscava a independência, mas a vida me apresentou o Moro e tive que fazer uma escolha.

Eu escolhi deixar Curitiba para trás, com todas as minhas conquistas.

Entre o noivado, um anel que eu ganhei em uma noite engraçada e a nossa ida passaram-se uns três meses. A noite foi engraçada porque jantamos em um restaurante romântico quando ele me deu um anel feito sob encomenda, mas que não serviu, ficando apertado. Nós rimos disso até hoje, porém todos os anéis que ganhei em outras comemorações serviram.

Meu então noivo era magistrado e convivíamos com outros magistrados que já haviam tido a experiência de morar no interior. Lembro-me como se fosse hoje de que uma das esposas – que eu adoro e com quem convivo até hoje – me deu um valioso conselho: se você decidiu acompanhá-lo, vá de coração aberto. Mais tarde, essa frase – "vá de coração aberto" – veio a ser um dos meus mantras: ou você segue de coração aberto com disposição para ser feliz ou a vida não flui.

Eu me mudei para uma cidade que não conhecia, onde não tinha família, amigos ou emprego, mas nunca fui do tipo de pessoa que se coloca no papel de vítima. Eu tinha de fazer alguma coisa para me sentir produtiva. Moro sabia que eu deixara tudo para trás. Nem meu carro, ainda financiado, eu levei, ficando sob os cuidados do meu pai para que ele providenciasse a venda. Eu não lhe pedia ajuda financeira e sentiria enorme desconforto em ter de pedir dinheiro ao meu marido. A minha reserva era muito pequena, e pensava como poderia me manter independente na nova cidade. Não sabia como, mas tinha certeza de que conseguiria.

Chegando ao interior, a prioridade era arrumar a casa – que, na verdade, era um apartamento, escolhido pelo meu marido em novembro de 1998, quando ele assumiu seu posto de juiz federal em Cascavel. A cidade era cortada ao centro por uma grande avenida, que ficava a duas quadras da nossa casa e a três blocos da Justiça Federal. Moro optou por aquele imóvel em virtude da localização, já considerando que poderia ir a pé ao trabalho e deixar o carro disponível para mim. Logo me estabeleci profissionalmente, atendendo a demandas que colegas de Curitiba me delegavam.

Já a essa mudança para Brasília, eu nem pude e nem quis ir de imediato. Não havia a menor pressa, e dessa vez éramos quatro pessoas. Não tivera tempo nem para refletir se estávamos dispostos a ir definitivamente para lá.

Exatamente como no início da nossa história, Moro viajou a Brasília sozinho e teve de providenciar uma moradia sem mim. Ele foi, então, conhecer o que seriam os apartamentos funcionais que podem ser usados, nos termos da Lei, pelos Ministros. Nem todos cuidam do que não é seu com o mesmo esmero dispensado aos bens pessoais, e os apartamentos funcionais disponíveis, na descrição dele, eram péssimos e precisavam de reforma até por questões de higiene. Administrar uma reforma em Brasília definitivamente não fazia parte dos nossos planos.

Sergio escolheu e alugou um belo apartamento na quadra 207, pensando no nosso conforto caso os filhos quisessem ir a Brasília para passear ou morar. O imóvel era amplo e cada um teria seu quarto, exatamente como na nossa casa em Curitiba. O apartamento estava decorado, com todos os móveis, e somente precisaríamos providenciar pertences pessoais, mas ninguém se animou a ir em definitivo, nem eu mesma, porém àquela época eu ainda não descartava a possibilidade.

A quadra 207 era arborizada e, até onde sei, bem localizada – em quinze minutos de carro, era possível chegar a qualquer lugar da cidade –, além de situar-se no trajeto entre o aeroporto e o eixo monumental, perto de onde eu concentrava minhas atividades profissionais. Havia um pouco de cada coisa no comércio local da 207, salvando meu dia a dia, porque eu não tinha carro nem liberdade para ir e vir aonde, quando e como quisesse. Tudo dependia de agendamento para que a equipe de segurança fizesse seu trabalho, e eu era colaborativa quanto a isso. Na quadra era possível encontrar uma loja de frutas, uma farmácia e uma panificadora, deixando-me abastecida para meus curtos períodos de estada.

Lembro-me exatamente do dia da publicação da exoneração do cargo de juiz federal em Diário Oficial. Era 16 de novembro e eu estava no aeroporto de Newark, nos Estados Unidos, à espera do meu voo de retorno ao Brasil, mas a neve – que começou a cair silenciosamente no início da tarde – teve seu volume intensificado de maneira a provocar um verdadeiro caos. A nevasca parou a cidade. Não havia voos, e trens e metrôs foram paralisados, atrapalhando o meu retorno.

O trajeto de Downtown Manhattan até o aeroporto de Newark, que geralmente leva uns quarenta minutos, demorou quase cinco horas. O preço do Uber era quase o equivalente a uma passagem aérea promocional. O voo foi cancelado. Diante daquele cenário, interessava ir a um hotel próximo do aeroporto – e, como em casos de nevasca as companhias áreas não providenciam nenhuma comodidade, era cada um por si. Acompanhada de um cliente com quem tinha cumprido os compromissos profissionais, consegui reservar, por aplicativo, dois quartos para o pernoite em um hotel próximo de lá.

Na fila do AirTrain para tentar apanhar um táxi em meio àquele caos local, eu rolava a tela do telefone e via as notícias. Dentre elas, um jornal informava que a exoneração do Sergio havia sido assinada pelo Desembargador Carlos Thompson, presidente do Tribunal Regional Federal da 4ª Região. Uma lágrima rolou discretamente pelo meu rosto.

Fechava-se, oficialmente, um ciclo. Se a nova etapa seria de prosperidade ou não, ainda não sabíamos, mas queríamos e acreditávamos que sim e eu estava disposta a dar o meu melhor para que Moro pudesse ter sucesso nessa nova empreitada – por ele e, principalmente, por nosso país. Se a contribuição para um Brasil melhor dependia, de minha parte, de dar todo o suporte necessário para que ele desempenhasse a sua função, seria uma tarefa que eu conseguiria fazer.

Consegui voltar ao Brasil e Sergio já estava na rotina Curitiba/Brasília. Lembro-me de que eu, encostada na cabeceira da cama, o assistia se arrumar para a partida semanal. A sequência era sempre mesma: ele saía do banho, abria o armário para se vestir e fazia a mala, sempre pequena e com pouca coisa. Essa é a única vantagem de ter duas casas: ambas podem ficar bem abastecidas de itens pessoais. Certo dia, enquanto meu marido se arrumava, conversávamos sobre as expectativas da semana. Tomamos café juntos e nos despedimos. Como era janeiro, as crianças estavam de férias e ainda dormiam, mas ele se despediu da pequena Ginger, nossa cachorrinha miniatura.

Após ver a porta do elevador se fechar na nossa frente, eu voltei ao nosso quarto. Não pude deixar de contemplar o armário entreaberto e mais vazio do que de costume. A cada ida dele, mais coisas eram levadas para a casa de Brasília e pensei que, pelos próximos quatro anos, eu veria aquele armário cada vez mais vazio, com as roupas de trabalho mudando de endereço. Afinal, esse era o plano.

Moro tinha o objetivo claro de cumprir a sua tarefa como Ministro até que se encerrasse o mandato do Presidente. Já eu queria dar todo o suporte possível para que ele exercesse sua função, além de, depois de cumprida a missão no Governo, cobrar uma dívida da qual sou credora há muito tempo: passarmos um ano fora do país. Os tempos intensos de Lava Jato somados aos desafios no Ministério nos garantiriam uma temporada de estudos e reciclagem em outro canto do planeta.

A primeira semana é sempre a mais difícil, mas todos se adaptaram. Eu e nossos filhos nos envolvíamos com a agenda de estudos e trabalho e os dias passavam rapidinho. No entanto, para a pequena Ginger era diferente: todas as noites, por volta das 19h, ela ia para a porta, onde se acomodava, toda enroladinha, à espera de Sergio, porém ele não chegava. Foi a nossa pequena cachorrinha que mais teve dificuldade para se adaptar à rotina de não o ter ao seu lado todos os dias. Era ele quem a levava para passear pela quadra e é ao lado dele que ela sempre preferiu se sentar no sofá da sala de TV. Com a mudança na rotina, os passeios de Moro com a Ginger passaram a ser aos sábados pela manhã. Eles contornavam a quadra acompanhados de cinco ou seis agentes policiais, estrategicamente distanciados, mas sempre chamando a atenção de quem estava na rua.

Mas voltando à rotina semanal, Sergio embarcava com os agentes de segurança e, já trajando terno, podia ir direto para o Gabinete logo que pousava em Brasília, não sendo necessário passar em casa. O dia a dia de trabalho era bem intenso e cheio de reuniões com autoridades e servidores. Meu marido estava ávido para implementar o seu projeto de trabalho. O entusiasmo era notável e havia um brilho em seu olhar quando ele revelava as estratégias para isolar líderes de facções, aumentar o patrulhamento nas fronteiras e reduzir os índices de criminalidade. Para não perder tempo, rotineiramente ele optava por almoçar dentro do próprio Ministério, num restaurante de refeição por quilo da escola Senac que atende funcionários e o público em geral, mas que fornece horário privativo aos funcionários. Ele quase nunca almoçava fora, a não ser quando lhe era conveniente, para engatar alguma reunião. A sua rotina era chegar cedo ao Ministério e voltar para casa, com raríssimas exceções, por volta das 20h.

Para que ele pudesse manter uma rotina saudável de exercícios físicos, compramos uma esteira elétrica, que instalamos propositalmente na frente da televisão. Assim, quando chegava do trabalho, caminhava e/ou corria enquanto assistia ao noticiário. Moro acompanhava todos os telejornais e lia tudo o que as imprensas nacional e internacional divulgavam diariamente. Somente depois de se inteirar dos fatos do dia, ele relaxava vendo um filme ou série.

Nas ocasiões em que eu estava em Brasília, nós saíamos para jantar fora e tomar uma taça de vinho, às vezes acompanhados de alguns colegas do nosso círculo de amizade, não necessariamente ligados ao mundo da política. Aqueles que posso chamar de amigos nós já conhecíamos havia bastante tempo; não fizemos novas amizades em Brasília dentro desse mundo da política. Conheci muitas pessoas, algumas legais, outras nem tanto; algumas centradas e dispostas a trabalhar, outras deslumbradas e oportunistas.

Conforme relatei anteriormente, Moro voltava para Curitiba toda sexta-feira. Ele apanhava um voo no fim da tarde e, em torno das 22h, estava conosco em casa. Antes desse período, quando Sergio residia em Curitiba, nós até nos sentíamos mais à vontade para deixar os filhos e encontrar nossos amigos, mas depois os momentos com eles foram ficando tão escassos que infelizmente não pudemos estar, tanto quanto gostaríamos, com aqueles amigos de quem gostamos. Filhos crescem muito rápido, e quando mais velhos, mesmo morando conosco, eles já têm as próprias programações (que não nos incluem, obviamente). Então, todo o tempo que tínhamos nos fins de semana era precioso para nós.

O BERÇO

Moro nasceu em Maringá (PR) em 1º de agosto de 1972. Seus pais eram naturais de Ponta Grossa, no mesmo estado, ambos professores da rede estadual de ensino: ela ensinava Português e Literatura; ele lecionava Geografia. Mudaram-se para Maringá, cidade na qual tiveram dois filhos e onde ele assumiu chefia de departamento do curso de Geografia da Universidade Estadual de Maringá, após concluir o Doutorado em São Paulo.

Os pais de Moro são pessoas conhecidas e queridas em Maringá em razão do carisma e da atuação naquela universidade. Muito antes de meu marido se tornar juiz, ele já frequentava o hoje desativado "Clube da Justiça", no qual seus pais e amigos confraternizavam, participando de churrascos e jogos de futebol e combinando pescarias. O interior do Paraná tem preferência pelos times paulistas, e o pai dele era torcedor do Santos – e, mesmo aposentado, seguia com atividades acadêmicas, como orientador de alunos dos cursos de Mestrado e Doutorado, e participava ativamente das bancas de avaliação.

A mãe de Sergio, depois de aposentada, dedicou-se a atender aos quatro netos, sempre disposta a nos auxiliar em todos os momentos em que precisamos ou apenas para nos dar uma folga a fim de que pudéssemos viajar sozinhos. E até hoje ela se dedica ao voluntariado em instituições locais, faz cursos de arte, pintura, artesanato e mosaicos.

Apenas Moro saiu da cidade natal e de tempos em tempos visitava a família, desde que veio a Curitiba para assumir o cargo de juiz federal substituto na vara de execução fiscal de Curitiba.

Já estávamos namorando quando ele me convidou para acompanhá-lo em uma viagem a Maringá, num fim de semana, ocasião em que eu conheceria os pais dele e também a cidade. Concordei pensando em ficar em algum hotel, mas ele me disse que recusar a hospitalidade da família seria visto como ofensa. Eu, então, não tive escolha. Conhecer os pais de um namorado é sempre constrangedor; conhecer estando hospedada na casa deles é mais constrangedor ainda. Pensava naquelas comédias românticas em que o casal chega à casa de campo dos pais para um fim de semana, podendo ser um encontro agradável ou um verdadeiro desastre.

Após cinco horas de estrada, chegamos a Maringá. Meus futuros sogros nos aguardavam com um almoço especialmente preparado por eles. Num ato de extrema gentileza, a mãe dele havia convidado mais um casal de amigos próximos, fazendo que o almoço fosse o mais descontraído possível. Mulheres se entendem.

Moro me levou a alguns pontos turísticos de Maringá, entre os quais a banca de revista que ele frequentava. A mãe dele conta que o filho, desde a infância, já manifestava vício pela leitura com idas frequentes àquela banca de revistas, na qual podia se servir do que quisesse, com o uso de sua mesada. Reza a lenda que, naqueles típicos almoços de domingo com a família, tios e primos, Sergio se escondia por um tempo atrás do sofá para poder ler em paz. Naquela época, os gibis eram a sua preferência.

Livros diversos de literatura, poesia, biografias, história e obras técnicas da área da formação profissional sempre nos acompanharam em cada uma das nossas mudanças e foram motivo de pequenas reformas e manejo para que acomodássemos centenas de exemplares em nossa casa. Até os dias de hoje, ir a bancas de jornais e livrarias é um ritual adotado aqui em casa, mesmo com toda a oferta de publicações digitais em smartphones, tablets e Kindles. Nada se compara a um livro, revista ou jornal em puro papel.

Aquele fim de semana em Maringá foi muito agradável. A família dele foi sensacional, todos muito gentis comigo. Não foi um desastre, muito longe disso. Foi o começo de tudo, e hoje eles também são minha família.

VOLTANDO A 2018: AS ELEIÇÕES

Em 2018, o país tinha os olhos voltados para as eleições. A expectativa da sociedade, exausta da corrupção e do desvio de dinheiro público, era eleger representantes que estivessem dispostos a se afastar da velha política. Ninguém mais suportava aquela política do coronelismo, do toma lá dá cá, de desconsiderar conceitos republicanos, e nada melhor do que as urnas para mostrar a insatisfação popular.

O Brasil estava polarizado e o povo, inflamado. A maior liderança do Partido dos Trabalhadores (PT) estava presa e inviabilizada de concorrer ao pleito eleitoral. Nesse cenário, de um lado, destacavam-se os apoiadores do PT e, de outro lado, seus opositores. Estes últimos abraçaram-se à bandeira da Lava Jato, embora o PT não tenha sido o único partido atingido pela Lava Jato.

Havia uma verdadeira guerra nas redes sociais. Pessoas brigavam e se ofendiam para defender um ou outro lado. É curioso ver como alguns aderiram ao culto à personalidade. Muitas amizades foram desfeitas e, infelizmente, conosco não foi diferente. Nesse ano, nós perdemos amigos do nosso círculo pessoal, que passaram a nos ofender em virtude do trabalho institucional exercido pelo Sergio, orientados por aquela máxima de que a Lava Jato era golpista e de que tudo não passava de um plano para minar o PT.

Nossas possibilidades se resumiam a retribuir a ofensa ou deixar para lá. O fato é que sempre preferimos a segunda hipótese: nunca nos dispusemos a responder a ofensas nem a brigar com alguém. Simplesmente respeitamos e lamentamos, mas nos afastamos. Não somos obrigados a ouvir desaforos, pois cada um tem o direito de se portar como quiser, e não vamos mudar isso. Mesmo sendo alvo de inúmeras ofensas e ataques, portanto, jamais nos dispusemos a rebater em público ou a adotar medidas judiciais para nos defendermos. Se isso aconteceu, foi em alguma situação ocasional.

No entanto, há quem adote o pensamento de que a melhor defesa é o ataque. Os fiéis a essa prática passaram a ofender Moro, a mim e a nossos familiares, atribuindo-nos adjetivos e crimes. Ressuscitaram o pai do Moro, falecido no ano de 2005, para imputar-lhe a criação de algum partido político, entidade a que ele nunca pertenceu – e, ainda que tivesse criado algum partido, isso não lhe retiraria a sua hombridade. Perseguiram nossos filhos e, na escola do mais novo, alguns pais chegaram a reclamar que ele expunha coleguinhas ao perigo. Um desatino que não sei descrever.

Quanto a mim, disseram que eu havia roubado milhões das Apaes do Paraná, com as quais trabalho, inverdade plantada por um jornalista – ou melhor, pretenso jornalista – que, após ter sido demitido de um veículo de imprensa relevante, criou um blog financiado com recursos de partidos políticos aliados ao PT. Eu não sou gestora ou diretora da entidade supracitada. Aliás, nunca quis nem mesmo a chave ou senha para ter acesso a sua sede. Meu trabalho é de estruturação e defesa jurídica da entidade, bem como defesa das pessoas com deficiência intelectual.

Faço aqui um parêntese para defender as Organizações da Sociedade Civil (OSCs) que atuam onde os braços estatais não alcançam –, que se dedicam a prestar atendimento ao segmento de pessoas. Não fossem elas, um grande segmento de indivíduos vulneráveis continuaria às margens da sociedade. Quando o Poder Público celebra uma parceria com uma OSC, ele não está dando dinheiro para a entidade, mas, sim, custeando um serviço que ele mesmo, Estado, poderia fazer diretamente, porém, com apoio na Constituição, que assim permite, vale-se da expertise desta. Se há desvios, devem ser apurados e expurgados.

Ainda neste aspecto, em decorrência da minha prestação de serviço às Apaes, me chamaram de "gatuna". Todas as contas das APAES que não são por mim sequer manuseadas se sujeitam à Corte de Contas, e o Tribunal de Contas atua em relação às OSCS – e funciona bem. Tomara que um dia todos os Tribunais de Contas sejam tão rigorosos em relação às licitações vultuosas feitas pelo Poder Público. Pode ser um caminho para diminuir os desvios que vemos acontecer todos os dias.

Naquele ano de 2018 os *players* do cenário eleitoral eram poucos. Havia um candidato de um partido que estava associado à corrupção, um coronel símbolo da velha política e o #EleNão, que foi a voz que se ergueu contra tudo aquilo de que a sociedade estava cansada: corrupção, coronelismo, velha política e atitudes não republicanas. O candidato, então, surfou na onda da Lava Jato, se contrapôs ao PT e venceu as eleições.

Assim como muitos brasileiros, eu votei no #EleNão porque o sentimento comum era de mudança. A promessa de um Governo compartilhado com técnicos e especialistas nas áreas viscerais do Governo Federal, para o bem do país, era um projeto que me agradava. Vimos nomes dotados de expertise para cada pasta.

Estive, ao longo da minha carreira, em muitas reuniões com membros do poder Legislativo nas esferas municipal, estadual e federal e com integrantes do poder Executivo nas esferas municipal e estadual, pois, na posição de advogada de associações voltadas para as pessoas com deficiências e com doenças raras, o grande desafio a ser enfrentado é a implementação de políticas públicas – ação que necessita de articulação com os poderes Executivo e Legislativo (e as associações precisam fazer esse trabalho).

Quando há um projeto de lei para implementar uma nova política pública que beneficie esses indivíduos, é recomendado que o público-alvo, representado pela sociedade civil organizada, seja chamado e se envolva para, por intermédio de representantes, buscar a aprovação da lei ou a sua regulamentação. É recomendável que seja assim. Se você quer ajudar a resolver o problema de alguém, tem de ouvir o que ele tem a dizer, entender as suas necessidades. Não há outro caminho; do contrário, é suposição – e suposições não resolvem problemas.

Para dar voz à sociedade civil organizada, as autoridades realizam audiências públicas ou consultas públicas. Algumas realmente querem ouvir o que os interessados têm a dizer; outras realizam esse procedimento para legitimar as suas decisões, como se fosse um egocentrismo disfarçado. E quando não há lei que contemple uma política pública, a solução é convencer um parlamentar municipal, estadual ou federal a encampar o projeto – o que os representantes fazem porque ou são conscientes de suas missões ou porque percebem que podem ter alguma projeção. Num ou noutro caso, o que interessa para a sociedade civil é o projeto aprovado.

Eu sigo duas frentes na minha atividade profissional: a atuação com associações de defesa das pessoas com deficiência e doenças raras, o que envolve Direito Público (que sempre foi a minha paixão); e a defesa de clientes particulares que procuram a expertise do meu escritório para soluções pontuais relacionadas a direito administrativo e tributário. Esse é meu trabalho. É comum, então, que eu seja associada a Apaes e doenças raras, o que me deixa feliz. Além disso, é algo que eu simplesmente amo fazer. Tenho um enorme sentimento de gratidão com esse segmento, pois, nessa atividade, aprendi a ouvir e entendi que a maior dificuldade que podemos enfrentar (um filho que sofre de uma doença rara ou com deficiência) pode ser o maior desafio para mudarmos nossa vida para melhor e, ao mesmo tempo, a de outras pessoas.

Uma das associações para as quais eu presto serviços realiza a cada ano, em São Paulo, um Encontro de Famílias, do qual participam familiares de indivíduos que sofrem de alguma doença que acomete a poucos, cujo remédio (que não cura, mas controla os efeitos da enfermidade) é caríssimo e não é fornecido pelo SUS, bem como médicos das especialidades envolvidas. O objetivo do Encontro, cujos custos são pagos pela associação, que angaria doações para esse fim, é a troca de experiências e informações. Para um pai em busca da cura da doença do seu filho, não existem limites e a possibilidade de restabelecimento da saúde é buscada e compartilhada com todos. É um momento único. Diversas famílias – cada um com a sua profissão, com a sua classe social, com suas dificuldades e opiniões pessoais –, portanto, se reúnem com a finalidade de entender como conviver com a doença.

Desde 2012, eu conheço essa realidade e posso dizer em letras garrafais que nunca ouvi uma reclamação sequer de nenhuma dessas pessoas. Elas não se colocam na posição de vítimas ou de injustiçadas. Se alguém estiver procurando uma razão de ser na vida, eu sugiro buscar esses grupos, em que o impossível torna-se possível e nos quais vemos que nada somos diante da vontade de Deus.

"EUMOROCOMELE"

No auge da Operação Lava Jato, eu criei a *fanpage* "EuMoroComEle", pois acreditava que todos os atores da Operação Lava Jato e do combate à corrupção no país precisavam sentir o apoio dos brasileiros, tendo em vista que a luta contra a corrupção é uma vontade da sociedade. O objetivo da página era agradecer as mensagens recebidas e apoiar a Lava Jato, que foi a maior operação já vista na história do Brasil e que tirou a sujeira toda de debaixo do tapete. Em poucos dias, "EuMoroComEle" atingiu a marca de trezentos mil seguidores, chegando a ter oitocentos mil.

Sergio não se opôs à criação da página, pois entendeu que eu me senti compelida a fazer algo para agradecer aos apoiadores e ajudar a divulgar a Operação Lava Jato. Uma ou outra vez, após muita insistência minha, ele interagiu naquele ambiente virtual, mas não participava dele nem das minhas postagens. Apenas acompanhava.

Presa no meu isolamento social, eu me comunicava com os curtidores e opositores, e inseria fotos das manifestações e das pessoas que, na minha percepção, defendiam a Lava Jato. Havia *haters*, mas não na proporção que vemos hoje nas redes sociais. Aqueles que não concordavam com a Operação Lava Jato eram mais contidos.

Os curtidores me mandavam fotos de familiares, filhos, amigos, todos vestidos de verde e amarelo em apoio à Lava Jato. Foi o ano das manifestações, 2016, quando milhares foram às ruas empunhar a bandeira do Brasil em defesa do começo do fim da impunidade e da corrupção. Era tudo o que a sociedade queria ver.

Na página, inseri momentos em que houve participação da sociedade. Divulguei ao máximo as dez medidas contra a corrupção, que contaram com a assinatura de milhões de brasileiros, mas que no Parlamento foram substituídas por uma lei para criminalizar juízes. Inseri pronunciamentos que muitas autoridades fizeram no combate à corrupção, e fiz minhas as palavras do próprio Sergio: "as pessoas perdem a fé na democracia quando veem que a trapaça é a regra". "EuMoroComEle" contribuiu para chamar atenção da sociedade para a necessidade do combate a esse grande mal chamado corrupção.

Certa noite, sentados lado a lado aqui em casa, cada qual com seu notebook, eu o ouvi ler em voz alta trecho de um discurso de Theodore Roosevelt, o qual transcrevi no início deste livro. Pedi, então, que o recitasse novamente e filmei a cena, tendo o aval dele para que eu postasse aquele momento na página. Estadistas de verdade merecem ser conhecidos e divulgados.

Fico feliz ao ver que a Lava Jato foi responsável por reacender a chama da esperança de um Brasil melhor e que, após essa operação, o sentimento de impunidade cedeu espaço para a aplicação da Lei. Sempre repito que a Lava Jato é da sociedade e, se ainda não foi suficiente para mudar o rumo do país, talvez um dia outros fatores cumpram essa tarefa. Hoje, com tristeza, vejo essa operação em vias de ser sepultada.

No fim do ano de 2017, entendi que era importante retirar "EuMoroComEle" do ar porque em 2018 aconteceriam as eleições. Repito aqui que a página não fora criada por motivos políticos e eu não queria que tivesse esse contexto, portanto deixei uma mensagem de despedida e de agradecimento pelo carinho e apoio recebidos.

A POSSE

Eu não estive presente nem na posse de Moro nem na presidencial. Os nossos filhos também não. Meu marido não teve ninguém da nossa família com ele naquele dia 2 de janeiro não porque não o apoiássemos, mas porque a sua ida ao Ministério nos pegou mesmo de surpresa e planos familiares já haviam sido traçados para a virada de 2018 para 2019, os quais, juntos, avaliamos que não deveriam ser alterados.

Nossa vida era de pouco sossego. Moro era nacionalmente conhecido e nós, para que pudéssemos andar pelas ruas como pessoas normais, sem seguranças ou itinerários predeterminados, tínhamos de passar férias fora do país. Sem mencionar que viajar pelo Brasil é muito caro. E, para a nossa sorte, como diria Paulo Guedes, naquela época ainda era uma "farra louca" e nós, brasileiros, podíamos comprar passagens aéreas internacionais. Todo ano, no mês de maio, eu já iniciava o plano: parcelava nossos tickets aéreos e, quando quitados, eu providenciava a estada; assim, na data da viagem, juntávamos nossas economias e viajávamos tranquilamente com nossos filhos, às vezes na companhia das avós, já viúvas. Naquele ano de 2018 não foi diferente. Nós havíamos nos programado para ir à Itália, e minha sogra se juntaria a nós. Isso mostra que a ida de Moro ao Ministério não era esperada de maneira alguma. O convite foi realmente uma surpresa.

Embarcaríamos no dia 30 de dezembro. Eu, as crianças e a minha sogra tínhamos duas opções: ou seguiríamos o programado ou nos deslocaríamos a Brasília para presenciar a posse de Moro. Àquela altura, seria impossível mudar datas de voo e estadas. Era Réveillon e, portanto, não havia conciliação.

Na terapia, aprendi a não me importar com a opinião dos outros sobre o que decido na minha vida pessoal. Não adianta perguntar a vinte pessoas, porque serão vinte respostas diferentes — e, se não souber o que fazer com elas, de nada vai adiantar o desgaste da indagação. Cada um pensa à sua maneira e os únicos julgamentos que me interessavam naquele momento eram das crianças e de Sergio. Conversamos muito, mas meu marido dizia que era loucura sacrificar vinte dias de sossego por causa de uma solenidade que duraria duas horas. Consideramos também que, após o evento (isto é, do dia 3 em diante), mal o veríamos, pois Moro estaria focado no seu trabalho, montando sua equipe agora como Ministro da Justiça e Segurança Pública.

Em casa, sempre tivemos clareza de que sua nomeação se tratava de um trabalho como outro qualquer, assim como nos longos vinte e dois anos de magistratura e na fase da projeção da Lava Jato. E eu estava certa de que no Ministério da Justiça e Segurança Pública não seria diferente. Nunca vimos glamour, privilégio ou status em nenhuma das funções dele. Muito pelo contrário: sempre as encaramos como um trabalho corriqueiro, mas com ônus enorme: dar a cara a tapa, se expor, sacrificar momentos em família e estar ausente da nossa rotina.

Tudo aconteceu muito rápido. Em 1º de novembro, Moro foi ao Rio de Janeiro conversar com Bolsonaro; dias depois, já estava em Brasília para trabalhar na equipe de transição do Governo Federal. No mês de dezembro, já havia alugado o apartamento e se encontrava pronto para a missão. Ele, então, ficou e nós partimos não inteiramente felizes, pois metade de nossa alegria ficaria no Brasil, mas era o certo a fazer.

A posse presidencial ocorreu no dia 1º de janeiro e nós, mesmo fora do país, assistimos à cerimônia pela televisão. Michelle Bolsonaro discursou antes de Jair Bolsonaro, e em libras, a linguagem de sinais com a qual ela trabalha em atividades voluntárias, o que lhe rendeu justa admiração.

A primeira-dama mostra-se afeita à defesa das minorias e a causa das pessoas com doenças raras recebeu o olhar dela. Já no início do mandato, em janeiro de 2019, o Ministério da Mulher, Família e Direitos Humanos sediou um fórum de discussão entre Governo Federal e sociedade civil sobre as doenças raras, e ela esteve presente. O fórum foi bem recebido e elogiado pelos representantes de associações que dele participaram. Ao final, Michelle Bolsonaro deu atenção aos familiares dos pacientes com doenças raras, de quem recebia cumprimentos e com quem posava para fotos.

Como desde 2012 eu trabalho com algumas associações de pacientes portadores de doenças raras, posso testemunhar que foi uma das poucas vezes em que um cenário de discussão tão importante contou com a presença da primeira-dama e, pessoalmente, de Ministros de Estado: Luiz Henrique Mandetta (Ministro da Saúde), Osmar Terra (Ministro da Cidadania) e, como anfitriã, a Ministra Damares Alves.

Nesse fórum de discussão, a Ministra Damares anunciou a criação da Coordenação Nacional dos Raros, ligada à Secretaria da Pessoa com Deficiência, voltada para a elaboração de políticas públicas intersetoriais para indivíduos que sofrem de doenças raras, e foi aplaudida efusivamente. Quem conhece a política nacional das pessoas com doenças raras compreende e defende a importância da intersetorialidade para alcançar avanços. Ainda que pareça ser pauta da pasta da Saúde, o tema envolve as áreas da Assistência, do Trabalho e Emprego, da Cidadania, da Tecnologia e da Justiça, o que justifica a importância da intersetorialidade que a Ministra anunciava estar disposta a implementar por meio de sua coordenação.

Até onde pude acompanhar, ouso dizer que a Coordenadoria esteve um pouco tímida, sem avançar efetivamente para além de debates. Ademais, era curioso que, ao mesmo tempo em que o Ministério propunha a discussão ampliada intersetorial, o Planalto extinguia muitos

Conselhos Setoriais que eram justamente o *locus* apropriado para a implementação de políticas públicas.

Em meados de julho de 2019, no âmbito do Ministério da Cidadania, foi criado o Conselho do Voluntariado, a ser presidido por Michelle e do qual, a convite dela, eu passei a fazer parte como membro representante da sociedade civil. Tratava-se de um cargo não remunerado. A solenidade do lançamento do Programa Pátria Voluntária ocorreu no Hospital da Criança de Brasília e contou com a presença do Presidente e com discurso da primeira-dama.

Outra ocasião em que estive com Michelle foi quando fui com meu marido visitar o Presidente, que se restabelecia de uma cirurgia em um hospital em São Paulo. Era um domingo e eu e Sergio voamos logo após o almoço para a capital paulista. Enquanto os meninos tratavam dos assuntos da pátria, nós conversávamos sobre dia a dia, filhos e rotina. À noitinha daquele mesmo dia, nós já estávamos de volta a Curitiba, felizes ao saber que Bolsonaro se recuperava e estava em vias de receber alta médica.

No Conselho de Voluntários, eu pude participar pessoalmente de apenas uma reunião; nas demais, meu suplente assumiu a tarefa. A maior parte das minhas atividades profissionais estava concentrada em Curitiba, São Paulo e Brasília, o que infelizmente me impedia de comparecer assiduamente a essa nobre missão, já que as reuniões eram convocadas com pouca antecedência e o tempo de deslocamento a Brasília, somado às despesas de voo que eu precisaria custear, dificultavam a minha presença.

Em período próximo, recebi um chamado do Ministério da Mulher, acreditando ser referente às pessoas com deficiências ou doenças raras, tema atinente à minha trajetória profissional. Fizeram-me um convite para assumir determinado cargo, mesmo quando eu jamais poderia aceitar, pois, por eu ser esposa de um então Ministro de Estado, confrontaria a vedação do nepotismo. Além disso, o convite era para trabalhar com o tema da violência contra a mulher, assunto que, apesar de ter enorme relevância, não consistia na área da minha atuação. Atualmente, com a criação do Instituto Rosangela Moro, eu estou preenchendo essa lacuna e iniciando a execução de um projeto voltado a combater a violência contra a mulher.

Passados alguns dias, em agosto de 2019, recebi mais uma ligação dessa mesma pessoa, agora oferecendo um cargo na área jurídica da Funcef, fundo de pensão que gerencia a Previdência complementar dos funcionários da Caixa Econômica Federal, alheia à estrutura do Governo Federal, porém com metade do seu Conselho de Administração indicada pelo próprio Governo. Uma entidade privada, mas com digital do Governo. A oferta era algo em torno de de uns 20 mil reais de salário, carteira assinada e jornada flexível e conciliável com o meu escritório pessoal. No entanto, eu nunca estive à procura de cargos em Brasília – pois minhas atividades profissionais e projetos da iniciativa privada (voltados à minha Banca de Advocacia) foram e são o meu foco profissional –, então agradeci e recusei. Depois desses inusitados convites, não mais fui procurada. Em 27 de abril de 2020, após o pedido de exoneração de Moro, eu solicitei dispensa do cargo no Conselho de Voluntários, o que foi deferido.

Voltando ao período da posse, no dia 3 de janeiro Sergio já estava a cem por hora em seu trabalho, exatamente como previsto, e desse dia em diante eu não tive mais nenhuma dúvida de que viajar com a família havia sido a opção certa a fazer. Ele ficou bem atarefado com a pauta ministerial, sobretudo com a extradição de Cesare Battisti e com os ataques do crime organizado no estado do Ceará. Foi um começo atribulado. A participação do Ministério da Justiça na extradição se deu porque a Polícia Federal ajudou a localizá-lo na Bolívia, mas a Itália preferiu que o extraditado fosse direto para lá.

Na Itália, a extradição de Battisti ganhou as páginas de todos os veículos de comunicação e eu compartilhava de lá todas as reportagens e notas que a imprensa italiana divulgava. Essa era a minha maneira de acompanhar o trabalho do meu marido e de o auxiliar, munindo-o de informações.

DAVOS

Também no início de 2019, no primeiro mês do mandato do Presidente Bolsonaro, Sergio integrou a comitiva do Governo que participaria do Fórum Mundial Econômico em Davos, na Suíça. Na ocasião, meu marido falaria sobre a rigidez com que o Governo trataria a corrupção e que não barganharia posições ministeriais. Ele disse que as políticas do novo Governo eram bastante consistentes com aquilo que se pregava em Davos, que é a abertura da economia. Teríamos um Brasil mais integrado à comunidade mundial, um país que trabalharia para diminuir a corrupção e a criminalidade violenta, enfrentando o crime organizado.

Moro nos contou que teve a oportunidade de apresentar, em Davos, o trabalho que faria contra o crime e a corrupção, que assolam a vida dos brasileiros e deixam o país para trás, em defesa de uma melhor visão do Brasil no cenário internacional. Essa era a contribuição que ele podia dar. Davos é ambiente de debates sobre Economia, Meio Ambiente, Tecnologia, entre outras políticas de interesses globais, em meio às lideranças mundiais políticas e de negócios. Nesses fóruns, excelentes locais para transmitir a imagem interna do país, os líderes procuram avançar as relações internacionais.

De minha parte, como apoio, eu providenciei roupas e calçados adequados para que Moro estivesse confortável nos doze graus negativos usuais naquela época do ano. Era o auge do inverno na Suíça. Sapatos certos para caminhar na neve são indispensáveis a fim de evitar acidentes, como o que aconteceu com um ex-presidente do Banco Central em edição anterior do fórum, imprevisto que lhe custou uma fratura de tornozelo.

Mesmo de longe e como de costume, Sergio compartilhava conosco alguns flashes diários da sua rotina. Em Davos, mostrava-se feliz e ambientado no cenário de debates. Ele participou de dois painéis, um sobre corrupção e outro sobre lavagem de dinheiro, e teve encontros bilaterais relevantes, como com o Diretor Mundial da Interpol. Meu marido já tinha estado em outros fóruns de debates internacionais, domina o inglês e sabe falar com propriedade, fatores que o deixavam bem confortável em situações desse tipo.

Aquela fora a sua primeira experiência no avião presidencial, então Moro atendia à nossa curiosidade, descrevendo o interior da aeronave com detalhes: uma suíte e oito poltronas semelhantes às de classe executiva, voltadas de frente umas para as outras, com mesas de apoio que podem servir para o trabalho e refeições, e demais poltronas ao fundo, como nos voos comerciais. Nos assentos principais viajaram o Presidente e seus principais auxiliares – na ocasião, Moro, Guedes, Heleno e Ernesto. Sobre Davos, ele nos contou em qual hotel estava hospedado e nos mandou foto da varanda com neve até a altura do guarda-corpo da varanda gelada.

Bolsonaro, o novo Presidente de um país que enfrentara sucessivos escândalos de corrupção, faria um dos pronunciamentos mais esperados no Centro de Convenções. Uma nação de enorme potencial econômico, mas que nos últimos anos havia patinado com políticas equivocadas que a levaram à estagnação. Em janeiro de 2019, todos estavam ávidos para ouvir boas-novas a respeito do novo Presidente do Brasil. É certo que suas declarações pretéritas, ainda como deputado ou candidato, não haviam repercutido bem no exterior, mas com a Presidência se tinha um novo começo, um tempo de esperança, e muitos entendiam que os arroubos anteriores seriam deixados de lado.

No entanto, seu pronunciamento, realizado em 21 de janeiro de 2019, dividiu opiniões de especialistas. Não houve qualquer declaração mais controversa, mas as críticas foram no sentido de que o discurso foi muito curto e superficial. Para alguns, a fala de apenas seis minutos causou certa decepção na plateia e entre os investidores. Os dizeres do Presidente foram preparados exclusivamente por sua equipe; se tivessem circulado entre os Ministros, como Moro e Guedes, certamente eles teriam contribuído para sua expansão. Claro que, se o Presidente pedisse, Moro teria auxiliado, mas ele não se sentia à vontade para interferir em assuntos para os quais não havia sido convidado.

No dia seguinte, o Presidente, acompanhado de Moro, Guedes e Ernesto, participaria de uma coletiva com a imprensa. No entanto, ao que tudo indica, em decorrência da repercussão negativa de seu discurso proferido no dia 21, aquele compromisso foi cancelado. Uma pena... foi uma oportunidade perdida para falar ao mundo, inclusive à imprensa internacional.

O cancelamento ocorreu em cima da hora. Sergio tinha participado de um painel pela manhã e havia se separado da equipe presidencial. Assim, sem ter sido avisado do cancelamento, dirigiu-se, no horário marcado, à sala onde aconteceria a coletiva, porém não encontrou ninguém da comitiva. Após fazer contato pelo telefone, informaram ao meu marido que Bolsonaro não compareceria, mas disseram-lhe que, se quisesse, ele poderia conduzir a coletiva sozinho – o que, evidentemente, não fazia sentido. Lá estava Sergio, com alguns organizadores e jornalistas ainda desavisados. Constrangido, restou a ele pedir desculpas pelo ocorrido.

Todos já sabiam que Bolsonaro fora eleito como opção para impedir o retorno do PT e o seu histórico de patrimonialismo e corrupção. Em sua fala em Davos, ele ressaltou que "pela primeira vez no Brasil um Presidente montou uma equipe de ministros qualificados, honrando o compromisso de campanha, não aceitando ingerências político-partidárias". Bolsonaro também afirmou querer "mostrar para o mundo o momento único do Brasil que estava para ser construído".

Seguindo em Davos, Moro compareceu a um almoço tradicional organizado anualmente pela proprietária do jornal *The Washington Post*, com a presença de vários nomes internacionais de destaque, inclusive de fundos de investimentos importantes. Foi o único brasileiro da comitiva presidencial a estar presente e buscou defender o Governo, como extensão dos debates do fórum. Não ficou sabendo se os outros não foram convidados ou, se convidados, resolveram não comparecer.

Na avaliação de Moro, Davos é um bom ambiente ao qual um Presidente deve comparecer, principalmente logo depois de ser eleito, a fim de apresentar-se positivamente ao mundo, o que ajuda a melhorar o ambiente de negócios e a trazer investimentos.

Da parte dele, foi uma experiência relevante. Três dias após a chegada a Davos, voltaram ao Brasil, no mesmo avião presidencial, nas mesmas poltronas, com as mesmas pessoas. Segundo Moro, o tema que dominou a atenção do Presidente na viagem de volta foi a saída do Brasil do Deputado Federal Jean Wyllys, desafeto de Bolsonaro. Afirmando estar em risco e sendo perseguido, Jean Wyllys renunciou ao mandato e viajou para o exterior.

UM ANO SUPREMO

No início de 2012, estávamos de férias na praia quando Moro recebeu um convite especial vindo da Ministra Rosa Weber, do Supremo Tribunal Federal, que lhe pedia para exercer a função de assessor. Ele ficou honrado com o convite, mas inicialmente relutou em aceitar tão somente porque ficaria sem o convívio diário, gostoso e brincalhão das crianças, então com 12 e 8 anos. Eu o encorajei a aceitar, considerando que seria uma experiência profissional importante, que poderíamos arrumar a logística com facilidade – afinal, havia voos fáceis entre Curitiba e Brasília e eu assumiria todos os afazeres familiares que até então eram compartilhados. Além disso, os nossos filhos já estavam com idade mais colaborativa. Após alguns dias de reflexão, ele aceitou o convite e comprometeu-se com a Ministra Rosa pelo período inicial de seis meses.

Às segundas-feiras, meu marido embarcava para Brasília, hospedava-se em um hotel e retornava a Curitiba às sextas-feiras. Moro é sempre muito dedicado às tarefas que tem a fazer, e cansativas idas e vindas semanais eram prazerosamente absorvidas pelo seu entusiasmo.

Com relação ao trabalho, havia uma significativa diferença. Se, como juiz titular da 13ª Vara de Curitiba, a decisão do caso concreto, adotada de acordo com a convicção diante das provas produzidas, era unicamente dele, como juiz auxiliar isso não acontecia. A interpretação e a decisão, tecnicamente chamada de voto, é atribuição da Ministra da Corte. Sendo assim, ele pôde exercer outras qualidades que talvez estivessem latentes na sua solitária atividade jurisdicional.

Naquele ano, a Corte iniciou o julgamento da Ação Penal 470, conhecida como Mensalão, um processo que envolvia muitos réus. O julgamento levou mais de um ano para chegar ao seu termo e foi distribuído em 59 sessões da Corte. Passados uns doze meses, Sergio encerrou a sua contribuição com a Ministra, por quem nutre muito respeito e consideração, além de orgulho por ter integrado o seu Gabinete, ainda que por um curto período.

Para ele, essa experiência no Supremo Tribunal Federal foi profissionalmente engrandecedora. O lado ruim desse período foi que Moro viu-se obrigado a licenciar-se da Universidade Federal do Paraná. Ele sempre gostou de lecionar e prestou concurso para a cadeira de Processo Penal. Duas noites por semana, dava aulas na universidade, mas nesse período isso não foi possível. Ele tentou, junto à direção, que as aulas fossem concentradas nas noites das sextas-feiras, o que não lhe foi permitido. Não lhe coube outra opção a não ser pedir licença não remunerada, a qual seis anos mais tarde foi substituída por pedido de exoneração por causa da sobrecarga de trabalho na 13ª Vara Federal, consumida pela então denominada Operação Lava Jato.

Já em 2013, as idas e vindas a Brasília voltaram a ser uma constante em nossa vida, mas dessa vez era eu quem embarcava (não semanalmente, porém com bastante frequência). Naquele ano, assumi um trabalho jurídico junto à Federação Nacional das Apaes, que congrega 25 Federações Estaduais e 2.200 mil associações, formando, juntas, o Movimento Apaeano, voltado para a defesa de direitos das pessoas com deficiência intelectual e/ou múltipla, e com as quais trabalho, orgulhosamente, até o presente momento.

Àquela altura, sequer poderíamos imaginar que as idas e vindas semanais e cansativas para Brasília seriam por ele retomadas anos mais tarde.

A LAVAGEM DE DINHEIRO: 2003

Moro foi convidado pela Ministra Rosa porque a Vara Federal Criminal, que ele titularizava em Curitiba, havia se tornado Vara Especializada em Lavagem de Dinheiro desde 2002. Era a mesma 13ª Vara que ficara conhecida por receber a Operação Lava Jato, apenas o nome fora alterado por questões administrativas do Tribunal Regional Federal da 4ª Região.

Em 2002, vivendo em Joinville, Moro teve a oportunidade de remoção para Curitiba, quando a titularidade da 2ª Vara Federal ficou vaga. Foi a terceira mudança – e, desta vez, era para ficar; afinal, tínhamos retornado a Curitiba e estávamos felizes por estar próximos a familiares e amigos.

Desde que saímos de lá pela primeira vez, com destino a Cascavel, haviam se passado apenas quatro anos. Foi tudo muito rápido. Em

Cascavel, eu tinha uma rotina de trabalho; em Joinville, os afazeres domésticos e acadêmicos me envolveram de modo que tudo fluiu rapidamente.

Em Curitiba, nossas economias viraram um apartamento. Parte dele, porque financiamos metade. Escolhemos um bairro perto da casa dos meus pais, próximo a um clube e com fácil acesso à Justiça Federal. Raspado o tacho para a compra do imóvel, ele ficou vazio por muito tempo, mas o espaço foi aproveitado para brinquedos variados e uma piscina de bolinhas a fim de garantir a diversão da nossa filhota.

Organizada a mudança, eu estava pronta para retornar às minhas atividades profissionais. A advogada com quem eu trabalhara quando recém-formada abriu as portas do escritório para mim e lá fui eu, feliz por estar retomando, finalmente, a minha profissão.

Ser advogada do contencioso é estressante. Ser advogada de Banca Profissional respeitada com inúmeras audiências a serem feitas por dia e em lugares aonde nem carro chega é ainda mais estressante. Ser mãe é estressante. Não conseguir chegar à escola no fim do dia para buscar o filho na escola é estressante. Não poder ir à escola no meio da tarde para ver a apresentação do filho fere o coração. No entanto, eu havia assumido o compromisso de trabalhar e tinha que dar o meu melhor. Claro que sentia culpa e acreditava que não estava fazendo nada certo. Achava que não era nem boa mãe nem profissional ou esposa. Achava que sequer conseguia administrar a minha casa. A essa altura, eu sofria de crises de ansiedade, mas ainda não tinha consciência disso.

Enquanto tive essa experiência de retorno do trabalho, a Justiça Federal de Curitiba mudou de sede – onde está até hoje, no bairro Ahú, e é conhecida internacionalmente por concentrar as tarefas da Lava Jato anos depois.

No ano de 2003, o Tribunal Regional da 4ª Região, ao qual pertence a Justiça Federal do Paraná, deliberou para converter uma das Varas Federais em Curitiba em vara especializada em crimes contra o sistema financeiro nacional e em lavagem de dinheiro. A especialização temática das varas contribuiu para a celeridade dos processos e para o julgamento mais qualificado nos crimes e, neste caso, dos que envolviam narcotráfico, terrorismo, sequestro, tráfico de armas e lavagem de dinheiro.

A 2ª Vara Federal de Curitiba titularizada por Moro foi, então, convertida em vara especializada em crimes contra o sistema financeiro nacional. Era o começo de tudo. Em 2004, Sergio julgou um caso que ganhou relevância. Tratava-se das contas CC5 do caso Banestado, que eram utilizadas para remeter dinheiro ao exterior, alimentadas fraudulentamente em nomes de pessoas fictícias, chamadas vulgarmente de laranjas, com transações envolvendo recursos de origem ilegal.

Nossa filha já estava com 4 anos e nós, como casal, avaliamos que seria a hora de termos o nosso segundo filho. Optei por me afastar do trabalho. Eu não suportava a ideia de assumir uma agenda e não poder cumpri-la com eficiência. Recusava-me a prejudicar o escritório ou sobrecarregar os meus colegas, que teriam de assumir as minhas tarefas. Eu passava mal durante a gestação e decidi dar um tempo. Mais uma vez.

Em 2007, passamos pelo primeiro momento verdadeiramente difícil de nossa vida. Sergio havia dado ordem de prisão a um profissional do tráfico de drogas e à sua esposa, e a nossa segurança poderia estar em risco. A Polícia Federal era encarregada de cuidar da nossa integridade, disponibilizando-nos proteção, o que fazia com todo esmero. Era preciso organizar a rotina de maneira prévia e com exatidão para que nada desse errado. Nossos filhos tinham apenas tenra idade e não queríamos assustá-los com esse procedimento necessário. Para eles, então, dissemos que papai tinha sido um bom juiz, fora premiado por isso e ganhado um motorista para toda a família. Foi a maneira que encontramos de deixá-los no lugar deles: na infância.

Se para eles a desculpa colou, para muitos pais de coleguinhas não surtiu o efeito esperado. Evidentemente, a situação era preocupante e claro que alguns deles pensavam da mesma maneira, e permitir que seus filhos viessem à nossa casa brincar com as crianças passou a ser motivo de preocupação para alguns. O crime organizado mantém arsenal de guerra e qualquer deslize da equipe de segurança ou nosso poderia ser fatal. Eu não julgo esses pais porque, no lugar deles, talvez tivesse feito o mesmo. Quem assiste de fora e não participa dessa rotina de combate ao crime se assusta com mais facilidade – o que é totalmente compreensível.

Eu ia para o meu escritório acompanhada de policiais. Nesse meio-tempo, optei por trabalhar sozinha para seguir meu próprio ritmo e reduzir a minha ansiedade, que já estava além do limite. Só assumia trabalhos que pudesse cumprir presencialmente. A equipe ficava na recepção do meu escritório o tempo todo, o que me fez perder alguns clientes. Também aceito isso, pois sei o quão constrangedor é. Mas a vida seguiu.

Em 2009, recebi um contato para desenvolver um trabalho para a Federação das Apaes do Estado do Paraná. Como advogada, pensei que analisaria contratos, ajustaria a tributação e, eventualmente, faria alguma defesa de processo contencioso. Engano. Fui abençoada por ser apresentada a um novo mundo, de interlocução com poderes públicos e pessoas de grupo de minorias desassistidas, movimentos sociais e políticas públicas. Apesar de envolver direitos constitucionais e leis, não era meramente um trabalho jurídico contencioso. Era algo sobre o qual ainda não tenho palavras para explicar.

Encarei o desafio. A Federação das Apaes do Paraná tem sede na capital e congrega 336 Apaes. Como o Paraná tem 399 municípios, significa dizer que as Apaes estão em quase todos eles. As normas estatutárias, as quais não foram feitas por mim, atribuem ao "advogado" o título de procurador jurídico, que não é órgão da diretoria, mas de assessoramento, opinativo. E, para promover o engajamento com a causa, foi estabelecido no estatuto da entidade que o advogado receberia o nome de procurador jurídico.

Como procuradora estatutária, eu comparecia à sede três manhãs por semana. Minha função era defender a federação e assessorar as entidades filiadas, o que eu fazia com bastante prudência. O interior é muito diferente da capital. As necessidades são diferentes qualitativa e quantitativamente. As orientações dadas pela Federação precisam ser cautelosas, porque as entidades lá nos municípios as seguem à risca. A estrutura das Apaes é encantadora.

As Apaes surgiram em meados de 1950 justamente porque uma mãe buscava assistência adequada para o filho com deficiência intelectual, e o seu agir tirou de casa várias outras famílias, que se uniram para ver acontecer o que hoje é uma prestação de serviço de excelência, qualificado para pessoas com deficiência intelectual. Eu sou muito grata ao movimento das Apaes, principalmente do Paraná (onde tudo começou), estado que conheci quase que inteiro, pois aonde há Apae a Federação precisa ir. Nunca tive receio de dirigir em estradas e rodei alguns mil quilômetros para realizar esse trabalho tão gratificante.

A FAMA IMPOSTA

Era uma sexta feira de julho de 2015 e jantávamos em um restaurante em Curitiba na companhia de casais amigos. Já tarde da noite, caminhávamos em direção à porta quando ouvimos sons de palmas vindas das mesas do saguão. Nesse momento, Moro me falou: "Alguém está comemorando aniversário". Olhamos para o saguão e, impressionada, eu disse: "Meu Deus, as palmas são para você".

Foi algo totalmente inesperado. Constrangido, meu marido acenou e seguimos em direção à porta. O episódio repercutiu em redes sociais e começou a se repetir em outros lugares. Desde então, frequentar lugares públicos em Curitiba deixava Sergio constrangido, porque magistrados não são celebridades.

Meu marido, que sempre manteve comportamento discreto, passou a ser assediado por muitas mulheres – o que não me causava ciúme, pois conheço a índole dele e sei que de qualquer novidade no relacionamento eu seria a primeira a saber, e diretamente por ele. Fui desrespeitada muitas vezes, mas por ele jamais, e isso para mim era o que importava.

Estávamos em um jantar em Santa Catarina quando uma autoridade de Brasília direcionou a mim o seguinte comentário: "Deve estar sendo difícil, para você, ver a mulherada 'dar em cima' de seu marido". No momento, eu não respondi, exceto quando essa pessoa falou pela terceira vez a idêntica e exata mesma frase, ao que eu respondi: "Doutor, o senhor não tem outra coisa para me falar?". Além do silêncio ensurdecedor ao longo da mesa, nesse exato momento, o olhar de aprovação e orgulho do meu marido se encontrou com o meu. Esse mundo é muito machista e aquele cidadão, nem preciso dizer, estava sozinho, desacompanhado de alguém com quem pudesse dividir afeto (e assim talvez ainda esteja, até o dia em que saiba tratar os outros com respeito).

Além de mim, para nossos filhos também foi difícil assimilar esse assédio. Eu dizia a Sergio que não havia me casado com um ator ou cantor, que são profissionais preparados para o assédio, e que tinha dificuldade de ver isso em relação a ele, apenas um magistrado. Juntos, começamos a entender que a aplicação da lei, doa a quem doer, e o fim da impunidade eram o anseio da sociedade já tão cansada de ver as práticas da velha política. Quanto aos nossos filhos, eles preferem manter-se anônimos no meio de todos e sentem grande orgulho do pai.

A velha política não tem nenhuma relação com quanto tempo de mandato uma pessoa possa ter. A velha política repudiada são os métodos não republicanos de alguns membros de poder conduzirem seus mandatos.

Eu passei a compreender que a velha política usa a sua própria régua para medir os demais, e mede errado quando o faz em relação às pessoas alheias a tudo isso. A Brasília ligada aos poderes parece viver em uma "bolha" na qual as pessoas são avaliadas pela sua própria verdade. Há vida fora de Brasília, que, inclusive, sustenta aquilo tudo que existe por lá. Na minha visão, é por isso que as melhores pessoas que poderiam estar na política conduzindo os interesses do nosso país como um todo, sem pensar em credo, raça, gêneros, não se dispõem a sair de suas zonas de conforto para tentar mudar "o mecanismo".

Sergio, eu e nossa família fomos *stalkeados*, *hackeados* e observados constantemente. Precisavam descobrir e tornar público "algum podre" a nosso respeito, para desprestigiá-lo e desqualificá-lo, a fim de servir à narrativa de ataque. Sei que até nosso álbum de casamento de vinte anos atrás foi revisitado quando um colega dele do TRF4 estava sendo cogitado para integrar uma das Cortes Superiores de Justiça – e, sendo pessoa do relacionamento de Moro, tal indicação não interessava para alguns...

Tudo isso eu conto para mostrar quão difícil foi para o magistrado equacionar o assédio e a sua natural discrição. Muitos falam que ele gostou de aparecer e que se comportaria, então, como uma celebridade. Ele sempre controlou as próprias atitudes. No entanto, não temos como controlar as atitudes das outras pessoas. Não havia como controlar as palmas nos restaurantes, nos parques, nos shopping centers, nos shows e teatros. Não se tinha controle de mais nada.

O NASCIMENTO DA LAVA JATO: MARÇO DE 2014

Olhando para trás, eu me dou conta de que se passaram seis anos desde que nossa vida foi abalroada pelos efeitos da Operação Lava Jato. Moro simplesmente fez o seu trabalho. No Brasil, a impunidade sempre prevaleceu porque é muito custoso enfrentar o *establishment* sem sofrer desgaste pessoal, e muitas autoridades preferem não sair de suas zonas de conforto. Ele atuou dentro dos rigorosos limites da lei, aplicando-a aos casos concretos tais como as demais instituições. No entanto, estas são integradas por pessoas que, juntamente a suas famílias, sofrem todos os impactos e efeitos, negativos e positivos. O trabalho era das instituições, mas as consequências foram sentidas por todas as famílias envolvidas.

Um dos projetos que ainda não consegui concretizar é estudar fora do Brasil por algum período. Na adolescência, meus pais não tinham condições financeiras de me sustentar lá fora, mesmo com alguma bolsa de estudos. Depois de adulta, os filhos pequenos me seguraram por aqui. Considerávamos a possibilidade de que, com a conclusão da Lava Jato, pudéssemos fazer um intercâmbio familiar, cada um com sua grade escolar. Seria uma excelente oportunidade para ganhar fluência em algum idioma e incrementar o nosso currículo acadêmico.

Moro, porém, não teve a opção de sair em definitivo da 13ª Vara Federal e para ele havia apenas uma opção: seguir em frente. Para que isso acontecesse, seria necessário um pedido de remoção, que dependeria de alguma vaga nas varas federais dos titulares. A vaga de um titular surge quando o magistrado se aposenta ou é promovido para o Tribunal nos critérios de promoção por antiguidade e merecimento. Durante esses anos, em Curitiba, não houve vaga aberta para titulares; portanto, a opção de uma licença que poderia ser requerida ao Tribunal Regional Federal era a possibilidade mais viável. O plano seria encerrar os trabalhos da Lava Jato e partir, desde que obviamente o Tribunal concedesse a licença, remunerada ou não.

O fato é que a Lava Jato nunca esteve próxima do fim. A cada nova operação proliferavam-se outras e outras. Iniciada em março de 2014 para investigar movimentações de doleiros, acabou revelando o grande esquema de corrupção que causou prejuízo bilionário a uma empresa estatal que, soube-se mais tarde, estava toda aparelhada por dirigentes partidários, parlamentares e ex-ministros, com o envolvimento de executivos de empreiteiras de grande porte.

A Lava Jato teve berço em Curitiba, mas estendeu-se para outros estados. Alcançou alvos em todo o Brasil. Inúmeros mandados de busca e apreensão foram cumpridos pela Polícia Federal nas diferentes operações, batizadas com nomes de identificação. Em dezembro de 2019, estava em sua septuagésima fase e ainda não alcançara o fim. O mote "Lava Jato nas Ruas" era a chamada para os noticiários e para o pavor dos que seriam prováveis alvos das investigações. E foram muitos, dentre anônimos e poderosos.

Os alvos que mais receberam destaque foram, obviamente, os nomes do núcleo político, de onde partem as decisões que repercutem na vida de todos os cidadãos. As boas e as ruins. Com isso, as discussões sobre a operação circundavam as análises jurídicas e políticas.

A Operação Lava Jato é resultado da atuação das instituições do Estado Brasileiro, e só aconteceu porque houve um crime, ou melhor, vários crimes, os quais foram investigados pela Polícia Federal e pelo Ministério Público Federal (MPF), posto que existiu punição pelo Poder Judiciário de primeira instância, confirmada pelas Cortes de Apelação e Tribunais Superiores. Mesmo diante de tantos profissionais envolvidos, ainda não consigo dizer por qual motivo o nome Sergio Moro ganhou destaque nessa engrenagem toda e por que aquele magistrado, que trabalhava mais de oito horas por dia trancado em seu Gabinete, passou a ser um rosto conhecido e estampado em revistas e jornais nacionais e internacionais. A rotina precisou ser ajustada.

Sergio ia trabalhar todas as manhãs de carro, quando levava para o Gabinete terno e camisas extras para o período da tarde. Ao meio-dia, ele voltava para casa; nosso horário de almoço era sagrado e, com exceção de raras ocasiões, nossas refeições eram feitas em casa, na companhia dos filhos. Fazíamos questão de nos dividirmos e cada um buscava uma das crianças em suas escolas. Eu adorava ir à escola dos meus filhos, porque sabia como as coisas andavam por lá quando via a carinha deles entrando no carro. Nosso tempo de almoço juntos era curto, mas eram minutos nos quais podíamos realmente estar em contato com as crianças, ouvindo-as compartilhar suas experiências. No período da tarde, eles se dedicavam às lições escolares, às aulas de inglês e aos esportes.

Meu marido, no intuito de dividir o carro dele com nosso motorista no período da tarde e aproveitar para exercitar o corpo, ia pedalando até o Gabinete no período da tarde. Curitiba é bem servida de ciclovias e uma delas passava pela nossa casa e pelo trabalho dele. Seu rosto passou a ser conhecido na exata proporção que sua pessoa passou a ser admirada pela sociedade e odiada por aqueles que estavam sofrendo os efeitos da Lava Jato. Pedalar livremente pela ciclovia não era mais uma atitude prudente, hábito que logo foi abandonado, assim como outros, principalmente quando estávamos na companhia dele.

Hoje, seis anos depois, em tempos de pandemia, eu vejo as pessoas reclamando do distanciamento social, o que realmente é horrível.

A nossa família sabe o que é isso, pois estamos distanciados socialmente há uns seis anos. Eu nunca pude, por exemplo, acordar em um sábado ensolarado e ir correr no parque ou decidir livremente o que faria do meu dia. No entanto, não lamento, tampouco me vitimizo, já que tudo na vida é uma questão de adaptação.

Nosso distanciamento social não se dava somente por questões de segurança, pois para isso temos uma equipe gigante que chamo carinhosamente de anjos da guarda, mas também porque passamos a ser observados e abordados a cada lugar em que fôssemos: shopping centers, restaurantes, feiras, pracinhas, parques, supermercados, shows. Moro não passava despercebido e foi um aprendizado agir diante de tantas abordagens de cidadãos, queridos e amáveis, que faziam questão de ir até ele para cumprimentá-lo, apertar sua mão, agradecer, dizer que estavam rezando ou mesmo pedir uma foto. Muitos dirigiam a palavra a mim também. Desde então, nossas merecidas férias anuais passaram a ter como destino lugares cada vez mais distantes, de modo que pudéssemos andar livres e seguros, perdidos no meio da multidão.

Certa vez, em uma de nossas férias, estávamos em Barcelona visitando as obras arquitetônicas de Gaudí. No terraço do Parc Güell alguém o reconheceu e lhe pediu carinhosamente uma foto, ao que ele respondeu: "Cara, você está aqui vendo as maravilhas de Antoni Gaudí e quer uma foto comigo?". No entanto, Sergio acabou posando para a foto.

TCHAU, QUERIDA

Os anos de 2013 a 2018 foram os mais intensos no que se refere às minhas viagens profissionais. Nos dias das decisões mais impactantes proferidas por Sergio, no âmbito da operação, eu sempre estava, coincidentemente, longe de casa e dos meus filhos.

E no dia 16 de março de 2016 não foi diferente. Mais uma vez, eu cumpria agenda de trabalho em Brasília. Recém-chegada ao hotel com minha amiga Cris, colega que adoro e com quem aprendi muito, jantava uma sopinha conforto quando meu celular começou a apitar insistentemente:

"Você está bem?"
"Onde você está?"
"Precisa de alguma coisa?"

Quando meu celular recebe mensagens insistentemente, meu coração dispara. "Cris, vou subir e ligar a TV", disse à minha amiga.

A janela do quarto do hotel tinha vista para a Esplanada dos Ministérios e tudo que se via e ouvia eram buzinas e uma grande movimentação de carros, com lanternas piscando, gritos e apitos. Brasília fervia.

Ao ligar a TV, a notícia era sobre o áudio do telefonema em que o ex-presidente Lula, então investigado e sob escuta telefônica autorizada por ordem judicial, conversava com a então Presidente Dilma Rousseff:

DILMA: Alô.
LULA: Alô.
D.: Lula, deixa eu te falar uma coisa.
L.: Fala, querida. Ahn...
D.: Seguinte, eu tô mandando o "Bessias" junto com o papel pra gente ter ele, e só usa em caso de necessidade, que é o termo de posse, tá?!
L.: Uhum, tá bom, tá bom.
D.: Só isso, você espera aí que ele tá indo aí.
L.: Tá bom. Eu tô aqui, eu fico aguardando.
Dv Tá?
L.: Tá bom.
D.: Tchau.
L.: Tchau, querida.

Muitos disseram que o termo de posse era decorrente da intenção de nomear o ex-presidente Lula como Ministro da Casa Civil, com o objetivo de deslocar a competência do processo de Lula da 13ª Vara Federal de Curitiba para o Supremo Tribunal Federal, em virtude da garantia do foro de prerrogativa de função. Na avaliação do Ministério Público Federal, a nomeação do ex-presidente como Ministro da Casa Civil teria o propósito de blindá-lo das investigações de Curitiba.

Há quem diga que o juiz errou e que não poderia ter divulgado um áudio da então Presidente da República. Além do conteúdo do áudio, a imprensa e os comentaristas já debatiam a conduta do magistrado: se era possível, se não era, se ele poderia ser punido, se era crime de segurança nacional ou não. Ao mesmo tempo, juristas de grande envergadura manifestavam as suas percepções. Uns eram a favor; outros, contra. O fato é que a Presidente estava mantendo contato com uma pessoa investigada pela Justiça. O alvo da interceptação não era Dilma, como mais tarde a Justiça reconheceu, mas o investigado.

Se, no papel de cidadã e tal qual muitos brasileiros, eu desejava e ainda desejo um país livre de atos não republicanos, como esposa do juiz que levantou o sigilo da conversa do investigado – que, para azar da Presidente, era com ela –, isso me preocupava.

Lá iríamos nós para a berlinda de novo. Mais ataques, mais fake news, mais inflamações nas redes sociais, tornando-nos mais suscetíveis aos atos de violência.

Eu estava segura, meus filhos sempre estiveram seguros. Eu já havia sido informada de que a segurança fora instantaneamente reforçada. Nessas situações, porém, a única coisa que me acalma é ouvir do próprio Sergio que tudo está bem. Liguei para o celular dele com muita insistência, mas não obtive resposta. Tentei o telefone fixo da residência e ninguém atendeu. Horas depois, recebi então uma ligação dele. Calmo e tranquilo. Indaguei onde ele estava, porque não podia esconder que estava preocupada com as consequências do ato, ao que ele respondeu que estava no clube jogando basquete com as crianças.

Sergio Moro é assim: quando ultrapassa o momento reflexivo para tomar uma decisão, ele vira a página e espera pelo próximo capítulo, sabendo de todas as consequências que suas escolhas podem surtir. Eu nunca o vi remoendo decisões ou pensando, *a posteriori*, se poderia ter agido de outra maneira. Ele estuda, reflete e se concentra antes para que a melhor decisão seja tomada. Sempre tem a coragem de fazer o que reputa ser certo e tem hombridade para responder por todas as suas escolhas. No entanto, eu continuava ansiosa, querendo voltar para casa e olhar o rostinho de todo mundo.

No início da tarde do dia seguinte, um de meus processos estava pautado para julgamento em Sessão Plenária no Supremo Tribunal Federal. Fui então até a Corte para usar da palavra em sustentação oral, o que é de praxe para os advogados. Após registrar a presença, acomodei-me em uma poltrona, como de costume, mas não nas frontais, porque elas são alcançadas pelas câmeras de filmagem e eu prefiro manter-me discreta.

A minha discrição, contudo, não durou muito tempo. Alguns funcionários da Corte vinham até mim para perguntar se eu estava aguardando o Presidente, que à época era o Ministro Lewandowski, ou se tinha hora agendada com algum Ministro. Eu estava apenas concentrada na minha leitura, aguardando a vez do meu processo, até que um servidor indagou o que eu estava fazendo lá, talvez pensando que eu falaria com algum dos Ministros sobre o ocorrido na noite anterior. Expliquei o motivo da minha presença na Corte. Naquele dia, a sessão com os debates e os votos dos Ministros de processos anteriores se prolongou, e o processo que justificava eu estar lá foi adiado. Na saída, fui abordada pela imprensa, mas não me pronunciei.

Escoltada por agentes de segurança, fui orientada a ir direto ao aeroporto, de onde o voo partiria horas mais tarde. Na sala de espera reservada, assistia ao GloboNews, que em todas as sequências jornalísticas repetia a notícia. Eu seria capaz de substituir a jornalista Renata Lo Prete naquele dia durante a minha espera, tamanhas as repetições e a dimensão da notícia. A matéria ocupou a pauta de todos os jornais daquele dia, nacionais e internacionais.

Após quatro horas de espera, finalmente embarquei para Curitiba. Em casa, vendo o rostinho de todos ao vivo e em cores, com semblantes serenos, meu coração aquietou-se. Se alguma medida jurídica fosse adotada contra Sergio, ele saberia exercer seu direito de defesa. Essa nunca foi a minha preocupação.

O tempo do voo e o trajeto até nossa residência me faziam chegar em casa em torno das 23h. Mesmo tarde, Moro sempre me esperava e conversávamos sobre a nossa rotina. Naquele dia, o assunto "tchau, querida" dominou o nosso diálogo. Eu o vi sereno e ele me explicou tecnicamente o desenrolar processual. Mesmo não sendo expert em Direito Penal e Processual Penal, posto que não são minha área de atuação, compreendi as razões técnicas que o moveram. Com isso, meu coração ficou em paz.

LULA *VS.* MORO

Lula não foi empossado como Ministro de Estado do Governo Dilma Rousseff e seu processo permaneceu na primeira instância, na mesma 13ª Vara Federal de Curitiba.

No decorrer dos trâmites dos processos, chegou o dia do depoimento pessoal do ex-presidente Lula ao então juiz Sergio Moro. O ato processual foi relatado por vozes polarizadas e acirradas como se fosse a luta do século, mas é claro que não se tratava disso. Era apenas um ato processual que precisava ser praticado e que colocaria os dois personagens frente a frente.

O depoimento seria colhido na sede da Justiça Federal, localizada no bairro Ahú. Para receber o ex-presidente, a rua de acesso ao prédio foi interditada e o comércio, interrompido. Os moradores por lá poderiam circular, desde que cadastrados antecipadamente. O prédio da Justiça foi evacuado para evitar o trânsito de pessoas em qualquer dos andares. Não houve expediente forense. Havia anúncio de que simpatizantes e militantes pró e contra Lula se fariam presentes e a Secretaria de Segurança Pública orientou a concentração de cada um dos grupos em lugares diferentes da cidade, para não haver nenhuma espécie de contato que poderia surtir em algum confronto e de violência. A sociedade estava inflamada, mas tudo correu bem; cada um dos grupos se concentrou de forma pacífica e não se teve notícia de nenhuma desordem.

O ato judicial havia sido designado para o início da tarde. Naquele dia, como de costume, Moro saiu cedo de casa, mas não retornaria para o almoço. Lembro que ele levou um lanchinho para se alimentar lá mesmo, em uma sacola plástica descartável dessas que usamos para transportar as comprinhas de mercado. Moro quis facilitar o trabalho da escolta poupando-os dos trajetos de deslocamentos no horário do almoço, em que ele geralmente ia para nossa casa. Alguém tirou uma foto dessa cena, que foi publicada na imprensa e gerou curiosidade sobre o que seria. Eu me recordo de que, dias após, algum apoiador da Lava Jato providenciou a entrega no Gabinete do Juiz, como presente, de uma lancheira térmica com potinhos para que ele, em outra ocasião, pudesse levar sua marmita. Achei uma atitude muito carinhosa. A sacola plástica gerou curiosidades sobre o que exatamente ele levava de lanche, mas confesso que não sei seu conteúdo.

Moro colheu o depoimento do ex-presidente e, como o processo é público, a imprensa replicava trechos colhidos dos autos. Meu marido sempre foi adepto do princípio da máxima publicidade, como o Estado de Direito requer. Sigilo e segredo são incompatíveis com princípios republicanos.

Sergio não se sentiu intimidado por fazer audiência com o ex-presidente, mesmo diante de toda pressão da imprensa e de parte da sociedade. Ele era juiz havia mais de vinte anos e já tinha feito milhares de audiências para ouvir partes, testemunhas, peritos. Como sempre enxerga as partes com o olhar técnico daquilo que interessa para os autos, Moro não leva nada para o lado pessoal, tampouco cultiva animosidades.

Uma situação que comprova a calma com que ele conduz seus atos técnicos foi a presença dele, no dia 2 de junho de 2019, ao ser ouvido pela Comissão de Constituição e Justiça da Câmara dos

Deputados. O site *The Intercept Brasil* atribuía conversas a Sergio Moro e a procuradores, obtidas de uma fonte anônima, e de conteúdo que sequer foi tido como autêntico, gerando uma série de implicações políticas para criar a narrativa de que ele perseguia políticos e de que a Operação Lava Jato era orquestrada. Liguei a televisão e de casa acompanhei a oitiva, que durou algo em torno de oito horas – um verdadeiro show de horrores, que expôs falta de delicadeza e cortesia e até mesmo de educação de alguns parlamentares. Em virtude da Lava Jato, Moro já estava acostumado a ser alvo de ataques e grosserias por quem discordava do resultado do seu trabalho como juiz. Muitos me perguntavam a fórmula mágica para a paciência e civilidade dele, ao que eu respondia brincando: "Ele toma Morotril", em referência ao medicamento Rivotril, de efeito tranquilizante. Se para Sergio já era usual estar em evento em que a urbanidade é deixada de lado, eu não posso dizer o mesmo de dr. Vladimir Passos de Freitas, que gentilmente o acompanhou. Dr. Vladimir integrou o Ministério da Justiça e Segurança Pública como assessor legislativo e, mais tarde, como Secretário Nacional de Justiça. É também um homem da Lei. É Desembargador Federal aposentado pelo Tribunal Regional Federal da 4ª Região, que foi por ele presidido na gestão 2003/2005. Além de professor, é autor de diversas obras. Eu só tenho a lamentar que a discussão daquele dia não estivesse à altura do caráter e da sabedoria do dr. Vladimir. Eu via pela TV aquela mesa onde Moro e dr. Vladimir estavam sentados e lamentava por ele.

As decorrências jurídicas da ação dos hackers estão sendo analisadas pelas instâncias da Justiça na tentativa de imputar a Moro e a Deltan atos orquestrados para beneficiar ou prejudicar quem quer se seja. Até aqui não vi ninguém afirmar que existiu uma perícia para declarar autêntico o conteúdo. Moro e Deltan não mantinham relação de amizade. Eu conheci pessoalmente Deltan Dallagnol no decorrer da Lava Jato, acidentalmente, na fila de uma pastelaria de um complexo gastronômico a céu aberto em Curitiba, chamado C'adore. Era um fim de tarde, estávamos com os filhos e os cachorrinhos, e fomos curtir e fazer um lanche rápido. Ele estava acompanhado de sua família, a quem fomos apresentados, e cada um seguiu para sua mesa. Não mantínhamos relação de amizade ou intimidade. Ela era puramente institucional. Eu sequer sei dizer onde Deltan reside, apenas sei que é aqui em Curitiba.

Por algum motivo, atribuíram a Moro e a Deltan mensagens trocadas por aplicativo que nunca tiveram seu conteúdo periciado e atestado como verdadeiro. Servem agora como pano de fundo para atribuir suspeição ao meu marido e anular as condenações impostas por ele, bem como desacreditar todo o trabalho da Justiça – e, em especial, para desacreditar Sergio Moro. O Supremo Tribunal Federal cuidará disso no âmbito da 2ª Turma, hoje composta pela Ministra Carmem Lúcia e pelos Ministros Fachin, Gilmar Mendes e Lewandowski.

Afirmam que, em algum procedimento, Moro foi suspeito de ser imparcial. O fato é que as decisões de mérito ou procedimentais dadas por ele foram impugnadas por recursos apreciados pelo TRF4, STJ e STF. Se acaso a Corte Constitucional imputar suspeição por conteúdo hackeado, sem autenticidade declarada em perícia, o poder judiciário poderá ficar mesmo desacreditado. Querem minar Sergio Moro nem que para isso a atuação dos integrantes do TRF4, STJ e alguns Ministros do STF seja posta em xeque. Quem perde é a sociedade, que fica à mercê da insegurança jurídica e da criminalidade.

OREMOS

No dia 7 de abril de 2018, o ex-presidente Lula foi recolhido à prisão como consequência da Operação Lava Jato. A decisão que foi proferida pelo Tribunal Regional Federal do Sul e que levaria o ex-presidente à prisão seguia o entendimento, predominante na Corte Constitucional, de que uma condenação em segunda instância era motivo determinante para o início do cumprimento da pena.

Diante da ordem de prisão dada pelo Tribunal, a quem era subordinado, no dia 5 de abril Moro determinou em despacho o recolhimento de Lula, dando-lhe a deferência, por ser ex-chefe de Estado, de apresentar-se voluntariamente até as 17h do dia 6 de abril, sexta-feira, à sede da Polícia Federal em Curitiba, local em que cumpriria a pena de doze anos, imposta pelo Tribunal.

Mais uma vez, eu não estava em Curitiba. Havia ido a uma reunião na cidade de Franca (SP), e entre um voo e outro acompanhava pelo noticiário os atos do ex-presidente. Lula não se apresentou no prazo previsto, e Moro não usou a força do sistema jurídico para o cumprimento da ordem. Havia muitas pessoas reunidas no entorno do sindicato e meu marido optou por não adotar nenhum ato que pudesse resultar em violência a qualquer um que estivesse lá. Moro sabia que era uma questão de tempo e não precisaria carregar consigo a culpa de ser conivente com atos violentos.

No sábado, Sergio acompanhava de casa o cumprimento da ordem judicial pelos meios institucionais e eu, junto a ele, assistia ao noticiário. Mais um sábado, um dos poucos dias que podemos ter como famílias normais, estava comprometido. Os jornais informavam que o ex-presidente passara a noite no sindicato em São Bernardo do Campo acompanhado das lideranças do PT, militantes e simpatizantes.

Moro, como se pode comprovar no despacho do processo (que é público), proibiu que fosse empregado qualquer ato de constrangimento para executar a ordem de prisão. Ele não deu ordem nem mesmo orientou os policiais a entrar no sindicato para prender Lula – e isso, de fato, não aconteceu. Havia militantes e simpatizantes que faziam vigília no local em solidariedade ao ex-presidente e atos de enfrentamento poderiam resultar em violência. Essa foi a preocupação de Moro, já que a violência é absolutamente desnecessária.

Eu me lembro de o telefone de Moro tocar insistentemente. Eram chamados dos policiais que pediam orientações sobre o modo de procedimento. As determinações dadas eram enfáticas: proibir qualquer violência e garantir que o ato fosse pacífico. A ordem era aguardar que o ex-presidente se apresentasse voluntariamente; não era necessário medir força. Cedo ou tarde, mais dia ou menos dia, Lula teria de se apresentar e dar início ao cumprimento de sua pena.

Ao ex-presidente e à militância talvez interessasse o conflito, pois seria uma forma de receber holofote e corroborar com a narrativa política. Além disso, ser retirado do local com meios coercitivos reforçaria a imagem de perseguido político.

Sempre há os que gostam de incendiar os ânimos e ver o caos imperar, mas Moro nunca pensou assim. Jamais autorizaria qualquer ato que pudesse colocar em risco a segurança das pessoas, fossem condenadas ou não, simpatizantes ou não, defensoras ou não.

No dia 7, sábado, após a celebração da missa em homenagem ao que seria o aniversário de falecimento da dona Marisa Letícia, o ex-presidente se apresentou para as autoridades, mas não sem discordar da sua prisão pelos crimes de lavagem de dinheiro e corrupção passiva, e reafirmando ser um preso político injustiçado – como passou a defender desde então. Em seu discurso, pediu aos presentes que não se desmobilizassem. Disse, ao som das palavras de ordem "Lula, guerreiro, do povo brasileiro". "Eles têm que saber que a morte de um comandante não para a revolução. Nossos verdadeiros amigos são aqueles que têm coragem de invadir um terreno para fazer uma casa, que têm coragem de fazer uma greve."

A REPÚBLICA DE CURITIBA

Além do efeito Lava Jato – acordar a sociedade e a tornar mais politizada – outra consequência positiva dessa operação foi a projeção da nossa linda cidade. Curitiba recebeu, em 2010, o Prêmio *Globe Award Sustainable City* como cidade mais sustentável do planeta. Em 2014, ela acumulava 35 prêmios e rankings de relevância nacional e internacional nas áreas de Saúde, Meio Ambiente, Governança, Direitos Humanos e Acesso à Informação. Em razão dos títulos, Curitiba sempre despertou interesse dos turistas, que podem desfrutar de cerca de trinta parques e bosques verdinhos. O Jardim Botânico, com sua cúpula de vidro, a Ópera de Arame, a Universidade Livre do Meio Ambiente, os Parques Barigui, Tingui e Tanguá são alguns dos nossos cartões-postais.

Curitiba já tinha holofotes virados para si. Contudo, após a consolidação da expressão "República de Curitiba", usada pelo ex-presidente Lula ao dizer estar assustado com o que podia acontecer a partir de um "juizeco" de primeira instância da cidade, a fama dela cresceu. O tiro em forma de deboche saiu invertido e os curitibanos abraçaram a expressão "República de Curitiba", orgulhosamente.

À frente do prédio da Justiça Federal há uma pracinha em que faixas, bandeiras e cartazes nas cores verde e amarela eram afixados em apoio à Operação Lava Jato, que devolvia aos cofres públicos milhões de reais desviados pelos corruptos. O local serviu de acampamento para apoiadores, que se revezavam em turnos, e de lá era possível ver as janelas frontal e lateral do Gabinete do Sergio, instalado no 2º andar do prédio da Justiça Federal, na rua Anita Garibaldi. Não havia nenhuma ofensa a quem quer se seja, mas, sim, apoio aos membros da força-tarefa e do juiz.

Uma noite, após um evento, Moro dirigia nosso carro a caminho de casa e passamos pela pracinha. Eu sugeri a ele que parássemos lá para dar um alô àquelas pessoas, pedindo-lhes que voltassem para suas residências. Não me recordo da data, mas era uma típica noite curitibana, fria e sem luar. Moro atendeu ao meu pedido. Encostamos o carro, abaixamos o vidro e, após agradecer a atitude de todos, ele lhes disse que não era necessário que ficassem expostos ao frio para demonstrar solidariedade. As fotografias da ocasião foram enviadas pelos apoiadores, pois nós nunca tirávamos fotos. Moro não buscava popularidade alguma.

Ainda sobre a visibilidade que a cidade ganhou, algumas agências de turismo vendiam passeios chamados "Rota Lava Jato", por meio dos quais levavam os turistas aos locais onde ocorreram as investigações: Procuradoria-Geral da República, Justiça Federal, Superintendência da Polícia Federal e a famosa pracinha.

Enquanto naquela pracinha acampavam os apoiadores da Lava Jato, os favoráveis ao ex-presidente acamparam por um longo período nas imediações da Superintendência da Polícia Federal durante a estada de Lula em Curitiba e não foram afrontados em nenhum momento. Curitibanos podem ter fama de antipáticos, mas são pessoas extremamente educadas e corteses. Aqui em Curitiba separamos o lixo orgânico do reciclável, aguentamos quatro estações em único dia, adotamos o penal para mandar filhos para a escola, comemos vina e pinhão e tratamos bem os visitantes, todos, mesmo os encarcerados.

Eu ouço reclamações que Moro sequer ia até a janela para acenar para os apoiadores da pracinha, mesmo tendo a janela do gabinete vista para o local. O que as pessoas talvez não entendam é que Moro era um juiz. A magistratura segue uma liturgia de recato e introspecção; ele sequer interagia em rede social justamente porque juízes têm que se manter alheios a clamores sociais. Nem rede social ele mantinha, justamente para seguir a liturgia da carreira e só falar "nos autos". Ele somente aderiu ao Twitter quando, já na função de Ministro, sentiu necessidade de divulgar as ações do Ministério. Foi com alguma insistência, minha e de alguns curtidores pessoais, que ele enfim aderiu também ao Instagram.

Enquanto juiz, Moro raramente dava entrevistas. Diferentemente de outras autoridades que se dizem imparciais, Moro falava nos autos e como os autos eram sem sigilo, como o trato com a coisa pública exige, seus pronunciamentos eram extraídos dos autos. A Lava Jato teve início em março de 2014 e a primeira entrevista dada para falar em linhas gerais a respeito da Operação foi dada em 5 de novembro de 2016 ao *Estadão*.

Mesmo tendo sido contido, seguindo a liturgia do cargo ele já sofreu ataques. Imagine-se então se tivesse adotado postura diferente.

A LEI É PARA TODOS

Sergio sempre foi um fiel seguidor da lei e dos princípios republicanos, de tratar a coisa pública como verdadeiramente pública.

Lembro que, logo que nos mudamos para Cascavel, meu marido era o único juiz federal da cidade. Em 1999, havia uma única Vara Federal e quando ele assumiu seu posto de juiz titular o cargo de substituto ainda não fora preenchido, o que aconteceu logo depois. Ainda naquele ano, o TRF4 criou mais uma Vara Federal em Cascavel, passando a contar com dois juízes titulares.

No âmbito da Justiça Federal, não é função do juiz substituto *substituir* o juiz titular. Nada disso. O titular e o substituto conduzem os processos de acordo com as regras de distribuição (sorteio), ou seja, quando as ações adentram no foro da Justiça Federal, elas são submetidas a um sorteio, justamente para impedir que cada juiz "escolha" o que vai julgar. É a regra da lei.

Na Justiça Federal de Cascavel, os processos eram sorteados para saber se seriam da alçada do titular (Sergio) ou do substituto, sendo que ao titular, além dos processos a ele distribuídos, cabia a administração do foro, no que se refere às questões administrativas. Essa era a diferença.

Na vara do Moro, havia um servidor público que se apresentava na sociedade como juiz federal e pedia descontos e gratuidades, abusando de seu cargo. Ao tomar ciência dessas improbidades, meu marido comunicou o TRF4 e um processo de sindicância foi inaugurado. O servidor foi submetido a processo administrativo, mas não tenho notícias se ele foi devidamente punido, porque processos são demorados e ficamos apenas um ano naquela cidade. Como a intenção de Moro não era perseguir ninguém, somente fazer a coisa certa, não acompanhamos as decorrências. Para se vingar, esse servidor, por meio de denúncia no TRF4, alegou que Moro estaria incentivando a minha atividade de advocacia. Explico.

Quando nos mudamos, o meu escritório era muito próximo da nossa residência. Naquela época, em 1999, as linhas de telefone fixas eram pagas a custos bem altos e, tendo em vista que eu estava iniciando a minha atividade em nova cidade, ainda sem contar como toda a estrutura para seu bom funcionamento – ter uma secretária, por exemplo –, optei por fazer "extensão de linha telefônica" da minha casa para o meu escritório.

Meus colegas de Curitiba me mandavam muito trabalho. Cascavel, Toledo, Assis Chateaubriand e Foz do Iguaçu passaram a ser o meu roteiro cotidiano. Meu pai havia me ensinado a dirigir em estradas desde que tirei a habilitação, e isso nunca foi problema para mim. Assim eu ia.

No entanto, conforme já contei, Moro havia se mudado antes de mim e contratara todos os serviços para a nossa residência, inclusive o de telefone. À época, na lista telefônica – aquela em papel, que nossos filhos hoje mal saberiam usar – constava a linha em nome dele como meu endereço profissional, o que poderia sugerir que "ele estaria promovendo a minha advocacia", o que não era verdade. Após respondermos a um processo de averiguação no TRF4, tudo ficou esclarecido, e não sofremos nenhuma punição.

Há vinte e um anos, o interior e a cidade de Cascavel eram muito diferentes da capital. O comércio fechava na hora do almoço e não era possível comprar uma pilha sequer. A única locadora de vídeo não abria aos domingos, então era preciso programar o fim de semana inteiro já na sexta-feira, alugando filmes para abastecer aqueles dias de descanso.

Apenas uma empresa local de TV por assinatura estava disponível, a qual nós não podíamos assinar. A única opção era uma operadora de TV submetida a uma demanda na Justiça Federal pela concessão, algo assim. Moro, porém, na posição de único juiz federal – tendo que julgar e decidir a demanda –, achava que não era apropriado nos tornarmos consumidores desse serviço. Meu marido sempre foi imparcial.

O fato de Moro ser o único juiz federal da cidade chamava atenção. E ele me aconselhava: "Não aceite nada de ninguém. Nunca. Se for ao cartório reconhecer uma assinatura ou caso compre ingressos para o cinema, por exemplo, e quiserem dar-lhe uma cortesia, diga: 'Obrigada, mas eu faço questão de pagar. Eu agradeço a gentileza, mas não me sinto à vontade para aceitar'". Eu não sabia exatamente o que aquilo significava e achava até certo exagero, contudo seguia como um mantra: "Obrigada, mas não".

Assim como eu era aconselhada a não aceitar nada de favor, Moro também não aceitava e ia além: recusava até alguns convites para eventos sociais. Nossa vida social era nula. Eu tinha a ele e ele tinha a mim. Se nós brigássemos por qualquer motivo que fosse, não teríamos a mais ninguém. No entanto, nós nos entendíamos muito bem, porque pensávamos igual.

Certa tarde, ao sair do meu escritório, chovia torrencialmente. No estacionamento, notei que nosso carro estava com o pneu furado e eu liguei para Moro pedindo ajuda. Ele estava ainda em audiência e me avisou que não conseguiria vir a meu socorro naquele momento. Também disse que não poderia enviar algum servidor porque essa não era a função de ninguém de lá. Sergio sempre tratou com o máximo respeito profissional todos de sua equipe. Ser respeitoso é outra de suas grandes virtudes. O pneu? Meu pai tinha me ensinado a tarefa, então eu mesma dei conta.

O mantra "não peça favores" e "não aceite nada de ninguém" continuou sendo nosso lema, bem como "a lei é para todos" – e isso até os dias de hoje.

Polícia Federal: a lei é para todos foi lançado na época da Lava Jato, ao qual fomos convidados a assistir em uma sala de cinema de um shopping center em Curitiba. O filme contava a história da atuação da PF no âmbito da Operação Lava Jato. O juiz Bretas, que conduzia os processos da operação que tramitavam no Rio de Janeiro, veio para a estreia, acompanhado de sua esposa. Conheci-os pessoalmente naquele mesmo dia. Foi a única ocasião em que tive contato presencial com eles. As pessoas acham que os juízes se tornam amigos íntimos, mas isso não é verdade.

Naquele dia, a imprensa compareceu em peso, cujas regras de clicagem Moro já conhecia. Ele, então, me aconselhou a não comer pipoca porque fatalmente eu seria clicada em uma foto e viraria meme. No entanto, filme tem tudo a ver com pipoca e não resisti. Claro que fui fotografada com um balde de pipoca na mão. Acho graça! Todo mundo come pipoca no cinema e não tem nada de errado ou desabonador nisso. Sergio, por sua vez, tinha a atenção voltada para a telona. Não querendo ser fotografado com a mão em um balde de pipoca, ele apenas tomou uns goles de água.

Além do filme, houve um seriado "inspirado" na Operação Lava Jato. Confesso que não passei do terceiro episódio porque achei tudo fantasioso. Havia uma cena em que um procurador ou policial adentrou no gabinete do juiz e, com raiva, quebrou tudo. Parei de ver ali mesmo. Na vida real, isso nunca acontece.

Voltando ao filme, alguém fez o "meu papel", e lembro que nas cenas eu sempre aparecia com uma malinha de viagem, o que correspondia a minhas idas e vindas a São Paulo e Brasília, onde eu concentrava as minhas atividades. O que era verdade.

Outra cena de que me recordo e a qual achei engraçada foi quando nosso filho mais novo argumentava com o pai se poderia ir a uma festa, ao que Moro teria dito: "A segunda instância na casa é a sua mãe. Veja com ela". Aqui abro um parêntese para dizer que Sergio sempre participou da rotina e das decisões para conduzir a educação de nossos filhos. Ele delegava a mim somente por comodidade, porque já tínhamos os limites traçados para as crianças. Há a esfera negociável e a esfera inegociável – nesta última, ser bom aluno, ostentar boas notas, ler, praticar pelo menos um esporte, dominar o inglês, acatar as regras inegociáveis e ser rigorosamente respeitoso com todos os demais, principalmente com os professores. Argumentos são bem-vindos; desrespeito, nunca.

Nas cenas de *Polícia Federal: a lei é para todos*, Moro aparecia em nosso quarto, encostado na cabeceira da cama, despachando processos eletrônicos enquanto eu dormia tranquilamente. Muitas noites ele passou em claro, estudando, analisando e refletindo a melhor decisão a ser tomada dentro dos rigores da lei.

Nos dias em que iria acontecer alguma operação autorizada por ele, como busca, prisão ou ordem judicial mais invasiva, ele me falava, sem que eu perguntasse, a quem se dirigia, apenas para questões de segurança em nosso dia a dia. Bastava o comando "amanhã tem operação", e eu sabia como conduzir nosso dia a dia. Nunca tive informação privilegiada porque a mim ele estava aplicando a lei, que é para todos, sem diferenças. Eu sempre confiei que ele aplicava a lei, a quem quer que fosse.

AGOSTO DE 2019

No início de 2019, optamos por manter Curitiba como nosso centro. Foi a maneira que encontramos de processar com tranquilidade a ida do Sergio ao Ministério. Acreditávamos que ele exerceria o cargo pelo período de quatro anos correspondente ao mandato do Presidente, então tínhamos tempo para providenciar uma eventual mudança sem nenhum atropelo.

Transcorridos os seis primeiros meses de Sergio no Governo Federal, nossa família avaliou se seria o caso de nos mudarmos para Brasília. Vários aspectos precisavam ser considerados e não eram simples.

Nossa filha mais velha, já adulta, tinha em Curitiba seu centro do estudo universitário e das atividades decorrentes, e nessas condições entendemos ser o caso de respeitar sua escolha, sem deixar de darmos a ela todo o suporte financeiro, operacional e emocional. Para o mais novo, essa opção não podia ser cogitada, porque ele ainda era menor de idade.

Eu não considerava me mudar em definitivo para Brasília, mas ao mesmo tempo não queria que nosso filho mais novo convivesse com o pai só nos fins de semana, pensando que seriam longos quatro anos. Precisávamos solucionar essa equação.

Traçamos um plano que parecia perfeito. Nosso filho queria passar um semestre no exterior para ter a experiência de intercâmbio, então programamos sua ida para fora do país no segundo semestre de 2019 por dois motivos: sairia da escola brasileira com as notas suficientes para aprovação do ano letivo e chegaria ao hemisfério norte com temperaturas mais amenas, em tempo de se adaptar ao rigoroso inverno que enfrentaria. Quando do seu retorno, em 2020, já estaria pronto para morar em Brasília, com rotina sob os olhos atentos dos pais.

O período em que nosso filho estaria fora era o tempo de que eu precisava para estruturar um braço físico do meu escritório em Brasília, dividindo as atribuições de Curitiba com a equipe de advogadas que eu formei ao longo dos anos. Por opção, nosso escritório é inteiramente feminino e as doutoras, a quem eu chamo carinhosamente de meninas, sempre foram o meu porto seguro quando eu tinha de me ausentar. Somos um time, uma verdadeira equipe: uma por todas e todas por uma. E sou feliz por tê-las comigo.

Tudo corria bem e dentro do previsto. Para o espaço físico do escritório em Brasília, optei inicialmente por alugar salas de uso compartilhado (de uma empresa que oferece toda a estrutura necessária) até que eu fosse conhecendo melhor a cidade e equacionando a parte financeira. Afinal, manter dois escritórios e duas casas onerava o meu orçamento. As instalações eram novas, bem decoradas, com profissionais capacitados e corteses e em uma localização que me agradava, conhecida como Setor Comercial. Tudo em Brasília é setorizado como em nenhuma outra cidade que já pude conhecer.

Em agosto, aconteceu algo que para mim foi inesperado. Já haviam me alertado, mas eu não podia acreditar com que requintes de crueldade pudessem tentar minar alguém. No entanto, era exatamente assim que funcionava.

Quando Moro aceitou o convite para ingressar no Governo, ele já era uma pessoa popular nacional e internacionalmente, mas nós nunca nos deslumbramos com isso. Sempre recusei títulos de "esposa do juiz" ou, mais tarde, "esposa do Ministro" ou "primeira-dama da Lava Jato". Como prova disso, mais de uma vez, fui barrada na entrada do Congresso quando ia participar de audiências públicas, porque adotava a entrada errada por mera falta de senso de localização. Nunca me identifiquei como "sou esposa de...". Deixo claro que jamais pedi posição de destaque a quem quer que seja.

As idas dele à Justiça Federal, quando juiz, ou ao Ministério da Justiça, quando Ministro, eram um trabalho como outro qualquer. Para mim, era o trabalho dele e eu respeitava isso, assim como ele respeita o meu. Nunca interferimos no trabalho um do outro; aliás, se perguntarem a ele o andar em que está localizado o meu escritório, ele certamente não saberá dizer. Somos assim: juntos para tudo, mas separados pela esfera profissional de cada um.

Quando em Brasília, eu sequer o visitava em seu Gabinete. Ao todo, nesse período de um ano e quatro meses, eu devo ter ido até lá umas três ou quatro vezes: ou no horário de almoço, para irmos juntos ao restaurante por quilo do Senac de dentro do próprio Ministério, ou para nos encontrarmos e partirmos juntos a algum compromisso.

Em agosto de 2019, quando o método "vou fritar um ministro" foi direcionado a Moro, eu sofri. Nem as ofensas proferidas contra Sergio na época da Lava Jato fizeram que eu me sentisse assim. Naquelas situações, as animosidades vinham de pessoas que já sabíamos ser contrárias à Lava Jato; dessa vez, porém, elas eram provenientes de pessoas das quais não esperávamos ataques. Para mim estava muito claro: Moro não interessava mais ao sistema.

Naquela época, a imprensa falava (e eu até ponderava) que podia ser correto dizer que o sistema quisesse minar qualquer pessoa do Governo que tivesse algum protagonismo, mas, com relação a Moro, isso não fazia sentido, pois ele já ocupava a posição de protagonista no que se refere ao combate à corrupção. As peças ainda não se encaixavam.

Como esposa, achei injusta tamanha falta de consideração. Afinal, meu marido havia abandonado uma carreira de vinte e dois anos a fim de aceitar o convite para ingressar no Governo. E, como mãe e profissional, ali mesmo, tomei uma decisão importante: "Ninguém vai se mudar para Brasília". Plano abortado.

Bolsonaro já havia demitido Bebianno e o General Santos Cruz, os quais, ao que tudo indica, eram pessoas da relação pessoal de muitos anos do Presidente e de sua confiança. Moro, ele só conhecia do noticiário. O próprio Presidente já afirmou em público que, antes do convite feito a Sergio, estivera com ele rapidamente apenas uma vez, em saguão de algum aeroporto quando Moro, entretido no balcão para comprar seu pão de queijo, não o reconheceu. Mais tarde, diante da forma como as redes divulgaram, meu marido achou por bem entrar em contato e esclarecer esse mal-entendido.

Eu percebi que, mais dia menos dia, o sistema detonaria Moro para se proteger ou para impedir avanços anticorrupção. Como Sergio não estava disputando popularidade com quem quer que fosse, seguiria com o trabalho até que o Presidente dissesse que não o queria no Governo, o que faz parte das relações e tudo certo. Mas o sistema não age assim porque, com isso, há perda de capital político. É o velho jargão "pede para sair".

Em um desses dias de fritura, eu me preparei para o que, para mim, seria a maior de todas as preocupações se Moro saísse do Ministério: a segurança da família, pois saindo do cargo ele perderia a segurança oficial. Eu desconhecia o período da quarentena jurídica, importante e indispensável para adotarmos, com nossos recursos, a contratação de uma equipe de segurança.

No início de setembro, circulou nas redes sociais um vídeo com uma sátira de um sequestro da nossa filha. No filme, militantes pediam a libertação de Lula, que estava preso, em troca dela. Se para muitos foi motivo de riso, para nós nos causou indescritível desgosto e preocupação. Só pessoas doentes acham graça em violência.

Eu estava em reunião com um cliente em Brasília no exato momento em que nossa filha me contatou, nervosa. Ela estava extremamente assustada. Eu mantive a calma para atendê-la. Certifiquei-me de que estava em casa e segura e a orientei que lá permanecesse, protegida por nossa equipe de segurança, que já estava em alerta máximo. Essa incitação à violência e o humor voltado para a desgraça alheia são sentimentos que não consigo entender.

Não pude voltar para casa de imediato porque tinha uma agenda profissional no dia seguinte. Eu havia agendado horário para ser atendida por um Desembargador Federal sobre um determinado processo, e no dia e hora marcados, uns minutos antes, lá estava eu, na sede do Tribunal Regional Federal de Brasília. Na antessala de espera, eu me senti mal. Sabedora de que a Justiça Federal tem ambulatório médico,

Nossa lua de mel em Porto de Galinhas, no inesquecível restaurante Beijupirá.

Outro momento da nossa lua de mel na praia de Maragogi.

No dia 30 de janeiro de 1999, recebemos os amigos e a família no Grand Hotel Rayon, em Curitiba, para comemorar nosso casamento.

© Arquivo pessoal

Nosso casamento no civil aconteceu antes, no dia 4 de dezembro de 1998.

Em família, em 2006, na nossa residência em Curitiba.

Nossa filha nasceu em agosto de 2000, quando morávamos em Joinville.

De vez em quando, alugávamos uma piscina de bolinhas para as crianças fazerem a festa.

Sergio sempre gostou de filmar nossa vida em família. Aqui, o aniversário de 4 anos de nosso filho.

Na Universidade de Notre Dame, onde Sergio fez o discurso de formatura dos graduandos de 2018. Na porta do vestiário usado pelos alunos jogadores, tem uma placa que os atletas tocam antes de entrar em campo. Diz: "Jogue como um campeão hoje".

Boneco do ex-juiz é inflado durante manifestação em apoio ao pacote anticrime proposto pelo ainda ministro Moro na avenida Paulista, em São Paulo.

Manifestantes participam de ato de apoio ao então Ministro da Justiça Sergio Moro após o Presidente Bolsonaro tê-lo ameaçado de demissão.

Centenas de pessoas protestam em frente ao Palácio do Planalto contra a nomeação do ex-presidente Lula a ministro em uma tentativa de evitar que ele fosse preso pela Operação Lava Jato. As cartas dizem "Nós somos Moro".

Homem usa toga e máscara do juiz Sergio Moro enquanto protesta contra a corrupção na praça da Liberdade, em Belo Horizonte.

pedi ao servidor que me levasse até lá, pois minhas mãos estavam amortecidas, sentia meus batimentos cardíacos acelerados, não conseguia organizar os pensamentos e falar corretamente. No caminho, pedi à minha agente de segurança que chamasse Sergio para vir ao meu encontro. Fui encaminhada para o ambulatório e atendida por enfermeiros e médicos. A pressão arterial estava bem alta, mas não me falaram o quanto. Fui acomodada em uma maca da enfermaria e medicada. Não consegui conter o choro.

"Doutor, o senhor que está atendendo a minha esposa?", escutei a voz do Moro além da porta. "Não, Ministro. Eu sou o Desembargador que a receberia."

Que imenso constrangimento.

Não tenho palavras para descrever o tamanho do constrangimento que senti naquele dia. Eu estava na sede do TRF para um compromisso profissional, apenas isso, mas não sou de ferro e naquele dia desmoronei.

Liberada após o que foi diagnosticado como uma síncope nervosa, fui para casa. Sergio viajaria à noite. Nesse meio-tempo, uma amiga de São Paulo fez contato por outro motivo, e ao saber da minha fragilidade foi até Brasília me dar colo e cuidado. Nossa filha também se recuperou, mas não sem antes faltar às aulas, ao estágio e tomar algum calmante.

"Para que tudo isso?", era o que eu me perguntava.

A partir da primeira fritura de Moro, comecei a ver o cenário com outros olhos. Era uma questão de tempo. Já estava muito claro que queriam minar Sergio Moro e que isso iria fatalmente acontecer, ou por protagonismo ou por querer se afastar da pauta anticorrupção. A fritura de agosto se repetiu por outras vezes.

Eu sabia que Moro precisava continuar o trabalho e ainda tinha condições para isso. Então, a rotina dele de idas e vindas, com minhas visitas quinzenais, era o que nos restava. Assim fizemos e com o nosso dinheiro. Eu nunca embarquei em um avião da Força Aérea Brasileira (FAB).

OS FINS DE SEMANA EM BRASÍLIA

Durante todo o período em que Moro exerceu o cargo de Ministro da Justiça e Segurança Pública, nossa família passou apenas um fim de semana reunida na Capital Federal – aliás, parcialmente reunida, porque nosso filho mais novo estava fora do país.

Era o fim de semana comemorativo da Independência do Brasil, celebrada no dia 7 de setembro. Eu já estava na cidade, pois havia trabalhado lá durante a semana; Moro viria de São Paulo. Nossa filha mais velha e o namorado dela foram nos encontrar (a única vez em que ela esteve lá); voaram no fim do dia e logo na chegada foram até um barzinho chamado Dudu, perto do lago, onde eu fazia um happy hour com duas amigas. Moro logo chegou, e outra amiga com o filho também se juntara a nós.

Idas a barzinhos no fim do dia são especialmente agradáveis em Brasília, porque o clima favorece uma confraternização e um drinque, acompanhado de porções saborosas e boas conversas, mas mesmo nos raros dias das nossas saidinhas gostamos de voltar para casa cedo.

Naquele ano, o dia 7 de setembro era exatamente um sábado. O céu de Brasília tem um azul lindo incomparável, muito diferente dos dias cinzentos de Curitiba. E aquela manhã não havia sido diferente: estava linda, ensolarada – e o Sol nasce cedo. Sergio sempre acorda primeiro, inteira-se das notícias do dia e gosta de preparar o nosso café. É uma tradição de nossa casa: o café da manhã é sempre responsabilidade dele. Fizemos a primeira refeição do dia com nossa filha e convidado e nos aprontamos para a ida ao desfile.

No trajeto, um episódio engraçado: saindo da escuridão da garagem da residência e sentada ao lado dele no banco de trás do veículo, notei que Sergio tinha se equivocado com o terno: usava calça de um e blazer de outro, e não se dera conta disso. Engraçado apenas porque esse descuido é recorrente. Demos meia-volta para ele trocar a vestimenta e finalmente nos direcionamos à Esplanada.

As proximidades da Esplanada dos Ministérios já estavam bloqueadas com controle de acesso para garantir a segurança do Presidente e das autoridades. Com muita organização, os carros moviam-se em fila para deixar-nos, e aos demais credenciados, exatamente na porta de entrada no palanque. Como credenciados, éramos identificados com *bottons* de acesso.

As autoridades palacianas e os Ministros de Estado estavam presentes com suas famílias no palanque, em uma área afastada do Sol e abastecida com climatizadores para deixar o ambiente refrescante e os corpos masculinos, sob os ternos escuros e pesados, protegidos do suor. Algumas bebidas processadas coloridas de caixinha Tetra Pak e copinhos de água eram disponibilizados em uma mesa ao fundo.

O desfile em comemoração ao 7 de Setembro só se inicia com o Presidente, e, antes de começar, o clima é de descontração e conversa entre os presentes. Foi a primeira ocasião em que eu estive em uma cerimônia oficial do Governo Bolsonaro. Moro me apresentou a alguns Ministros e conheci também algumas esposas e familiares que os acompanhavam. Lembro que a esposa do então Ministro da Casa Civil, Onyx Lorenzoni, pediu para Sergio tirar foto com algumas crianças, mas não sei dizer se eram filhos deles. Outras pessoas também pediram para ser fotografadas com meu marido.

Com a chegada do Presidente, todos tomaram seus assentos para o início do desfile. Nossos lugares eram na primeira fileira; o cerimonial sempre segue uma ordem determinada e nós acatamos. Mais tarde, Bolsonaro circulou pelo palanque, fazendo *selfies* e cumprimentando os presentes à medida que caminhava. Nesse momento, acompanhada de Sergio, fui até a primeira-dama cumprimentá-la.

Lembro-me, após ter sido apresentada a um dos generais palacianos, de que este conversava comigo com certo constrangimento, por causa da fritura a que Moro tinha sido submetido apenas uns dias antes. Ele falava como se sentisse a obrigação de me fazer um pedido de desculpas. Eu tinha a percepção de que os generais eram pessoas não enraizadas no meio político, e, como ele falou com certo grau de humanidade, havia compreendido que estava constrangido. Talvez eu tenha me enganado.

Nesse exato instante, em meio à avenida, o Presidente quebrou o protocolo e, cercado de seguranças, desceu do palanque e percorreu arquibancadas, acenando para o público. Acenou para Moro, que estava ao meu lado, chamando-o para se juntar a ele. E Sergio foi. Quando passaram à nossa frente, o General me falou: "Olha, eles estão bem", como se quisesse me tranquilizar e dizer que Moro estava no lugar certo – no Governo de Jair Bolsonaro.

Encerrada a cerimônia, despedimo-nos dos presentes e fomos almoçar, o relógio já apontando 13h. Optamos por um restaurante com linda vista para o Lago Paranoá. Nossa filha e o namorado aproveitaram para fazer turismo em Brasília, repleta de monumentos históricos. Eu e Sergio voltamos para casa e para leitura, e assistimos a algum filme ou série. À noite, na companhia de nossa filha e do namorado, fomos a um *rooftop*, que é um terraço no último andar de um hotel, numa mistura de bar e *lounge*, de onde pudemos apreciar uma bonita vista. Um casal, que havia selado sua união naquele mesmo dia, pediu de presente uma foto com Moro.

Na manhã seguinte, domingo, saímos com nossa filha e o namorado dela para um passeio turístico na Praça dos Três Poderes. Antes, uma parada no prédio do Ministério da Justiça e Segurança Pública para que conhecessem o Gabinete onde Sergio exercia as atribuições de seu cargo. O Palácio da Justiça, que abriga o Ministério, foi projetado por Niemeyer e tem lugar privilegiado na Esplanada dos Ministérios de Brasília, no eixo monumental que, como o próprio nome diz, concentra os monumentos da cidade.

Construído na década de 1970, o Palácio é belíssimo, um misto de arcos de concreto com cascatas. No seu interior, um jardim do paisagista Burle Marx e uma Sala de Retratos, assim chamada por abrigar a galeria com retratos de todos os Ministros da Justiça – os últimos são os do Ministro Torquato Jardim e de Moro. É uma galeria absurdamente masculina, posto que nenhuma mulher exerceu cargo de Ministra da Justiça. A sala também é usada para reuniões administrativas, em sua mesa oval, que acomoda um grande número de pessoas.

Neste dia, apesar de admirarmos a biblioteca, não fomos até ela porque era domingo e dia de descanso dos servidores responsáveis. Em outra ocasião, porém, eu me recordo de ter ido visitá-la. Possui um acervo enorme, e poucos sabem que podem ser solicitadas consultas e pesquisas por intermédio de um canal específico. Há também um setor de reparação do acervo, pelos alunos da Associação de Pais e Amigos dos Excepcionais (Apae-DF), cujos alunos exercem trabalho remunerado. Esse projeto é anterior à presença de Moro, tendo seu início em 2018. E eu, como Apaeana, não pude deixar de ir pessoalmente conferir o que até então só conhecia por documentos.

Em seguida, fizemos uma parada no estacionamento com vista frontal para o Palácio da Alvorada, residência oficial do chefe de Estado.

NÃO, ELES NÃO SÃO UMA COISA SÓ

Em uma das poucas entrevistas que dei, eu me expressei mal, muito mal, e a minha fala não pensada foi estampada nos veículos de comunicação.

Eu via o início do atual Governo Federal como uma grande orquestra, na qual o Presidente era o regente e os ministros, os seus músicos. Reger uma orquestra requer liderança, arte e sabedoria e eu via Bolsonaro assim, conduzindo seus músicos-ministros, de forma harmônica, para um país cansado de ser vítima de pobreza, de atos de corrupção que enriquecem claques e da falta de serviços públicos.

Indagada por um jornalista, eu quis dizer que via Moro – juntamente aos outros ministros – tal como o músico de uma orquestra, que, regida pelo Maestro Bolsonaro, poderia transformar o país. No entanto, eu me expressei mal e o jornalista publicou que eu considerava meu marido e Bolsonaro uma coisa só, como se compartilhassem das mesmas perspectivas para o Brasil.

Moro e Bolsonaro têm convergências e divergências. Eu somente estive na presença do Presidente em quatro situações: na diplomação, no desfile de 7 de Setembro, na antessala da cerimônia da assinatura da Medida Provisória que agilizava a venda dos bens confiscados dos traficantes de drogas, e em visita de cortesia ao hospital onde esteve internado, quando conversei brevemente com ele.

Eu pouco sabia da vida do Presidente. Votei nele no segundo turno das eleições, e tinha consciência do que o Governo anterior fizera ao nosso país; portanto, não queria a continuidade daqueles valores. Digo com tranquilidade que já votei no PT, em 2002, mas no PT de 2018 eu não queria votar.

Bolsonaro surgiu no cenário como um *outsider*, alguém que seria "fora do sistema" e que se propunha a mudar os rumos do país. Alguém que se mostrava disposto a combater a corrupção e o foro privilegiado, os quais contribuem para o nosso atraso como nação e para a impunidade.

Hoje, eu entendo que Moro incomodava o sistema. Sergio visa à solidez, quer as instituições democráticas funcionando para um país melhor, sem deixar de se preocupar com as vulnerabilidades. Durante a pandemia, meu marido aderia ao distanciamento social, postura não adotada pelo Governo Federal, valorizava a agenda anticorrupção e defendia a Lava Jato.

Em um evento oficial eu vi que Sergio estava realmente feliz diante dos desafios e o primeiro deles era aprovar o pacote anticrime. Ao final da sessão que implementou a Frente Parlamentar de Segurança Pública na Câmara dos Deputados, meu marido disse aos jornalistas que gostaria que o projeto fosse, o mais rápido possível, encaminhado ao debate nas comissões, e que destacaria a importância de uma mudança rápida na legislação em uma conversa com o presidente da Câmara, o Deputado Rodrigo Maia. Provavelmente se sentindo pressionado e reagindo de forma desproporcional, a meu ver, Maia disse que Moro era um empregado do Presidente e que falaria sobre o assunto se Bolsonaro pedisse, ou seja, direto com o chefe.

Moro não recebeu essa credencial do Presidente, já que a pauta prioritária era a reforma da Previdência e, também, porque o protagonismo de Moro era indesejável. Naquela ocasião, comecei a me questionar: "Como pode o protagonismo de alguém incomodar tanto a ponto de permitir um boicote à pauta que significa avanços pedidos pela sociedade?". Sergio, ainda que involuntariamente, já era protagonista nacional e internacional e pouco se importava com isso; seu real objetivo era buscar o protagonismo da Lei Anticrime.

Como havia pedras, ciúmes e má vontade no meio do caminho, a campanha publicitária do pacote anticrime também foi impedida de ser veiculada por decisão do Tribunal de Contas da União, atendendo a um pedido dos partidos de oposição ao Governo, e todos cumpriram a ordem. O Planalto ficou inerte. Em relação à reforma da Previdência, igualmente importante, o Governo agiu de outro modo, brigando pelo direito à propaganda, e a Esplanada dos Ministérios recebeu os outdoors da campanha. Já quanto à campanha do pacote anticrime, o dinheiro investido nas peças publicitárias foi para o ralo porque Moro, desprovido de maior apoio, tentou, sem êxito, derrubar o veto à veiculação.

O que muitas pessoas desconhecem é que Sergio, praticamente sozinho, tentava implementar os avanços. Para o Governo, talvez fosse suficiente ter o ex-juiz da Lava Jato como integrante do Ministério para transmitir à sociedade a mensagem de que o Governo combatia a corrupção e o crime violento. No entanto, se os avanços fossem de fato implementados, corria-se o risco de ver Moro crescendo em popularidade ainda mais – e era exatamente esse, na minha opinião, o verdadeiro temor da velha política. Sergio Moro não deveria ofuscar o protagonismo da política nua e crua de Brasília. Pautas como fim do foro privilegiado e prisão após condenação em segunda instância fazem parte dos discursos de campanha e das entrevistas em frente às câmeras, mas, na realidade, não interessam a muita gente.

Além de não se esforçarem pelos avanços da pauta anticorrupção, alguns viam em Moro um risco que não existia: ele nunca tinha tido a intenção de ser candidato a nada e somente entrou no Governo por acreditar, assim como eu e muitos brasileiros, que todos uniriam suas forças, cada qual em sua pasta, em busca de um país melhor. Ledo engano. Com o passar dos dias do mandato, o que era para mim uma cisma, ficou cada dia mais claro.

Evidentemente, eu conversava com Sergio a respeito da minha percepção, mas ele respondia dizendo que ainda assim haveria projetos que ele conseguiria implementar, a bem da sociedade. E assim aconteceu com a integração das forças policiais, em programas como o "Em Frente, Brasil" e os Fusion Centers; a formulação de ações como o Vigia, que aumentou o controle e a fiscalização do crime nas fronteiras; a redução dos índices de criminalidade violenta em parceria com os estados; e o confisco de bens do tráfico, entre outros.

Para quem, como eu, tinha um olhar privilegiado do desenrolar de rumos do Governo, era claro que, todas as vezes que podia, havia uma puxada de tapete na implementação de avanços para evitar que Moro ficasse "bem na foto". Assim foi com a retirada do Coaf da pasta do Ministério da Justiça, com a sanção do juiz de garantias, com restrições à prisão preventiva e de vários avanços inseridos na lei 13.964, publicada na véspera do Natal – 24 de dezembro de 2019 –, ocasião em que geralmente as pessoas estão envolvidas com questões pessoais e familiares como a preparação de ceias e confraternizações; é uma excelente oportunidade para "deixar a boiada passar".

Nesse feriado de fim de ano, no dia 20, Moro viajou para visitar o nosso filho, que estava morando no Canadá, mas antes havia conversado com o Presidente para que a sanção (ou veto), sobre o juiz de garantias, fosse mais bem pensada. Moro acreditava que voltariam a se falar na volta, mas isso não aconteceu. O dono da caneta é o Presidente, e a caneta foi usada da forma como ele achou melhor, na véspera da noite de Natal.

Uma coisa é o Parlamento não aprovar. No Congresso há debates e diferenças de entendimentos, um ambiente plural e necessário para a democracia. No entanto, dentro dos gabinetes do poder em Brasília é diferente. Se o Governo, internamente, não quer a mesma pauta, é claro que não tem como dar certo. O Presidente, como chefe, poderia ter demitido o Sergio por discordar das propostas defendidas por ele, mas como o prestígio do meu marido era um ativo caro e importante ao Governo, era melhor ir podando as pautas e "deixando-o sangrar", em referência ao que os livros de história nos contam sobre as guerras, quando o inimigo é deixado sangrando para que pereça. Moro não era um inimigo do Governo. Nunca foi. A mim, Moro nunca falou mal do Presidente ou do Governo Federal, e defendeu até o limite das suas forças a pauta que foi pactuada com Bolsonaro naquele encontro do Rio de Janeiro.

Embora ofendido nesses vários anos de Lava Jato e neste último de Governo, Sergio se abstém de personalizar ofensas, com o que eu concordo, porque é preciso debater ideias, e não pessoas. Ofensas não vão fazer nosso país melhorar em nenhum dos péssimos cenários a que assistimos nos dias de hoje.

O OLHAR PARA AS MINORIAS

Na vida e na profissão, Sergio sempre se preocupou com as minorias. E enquanto juiz, em Joinville, pôde demonstrar essa face.

Após o nosso primeiro ano de casados, em Cascavel, o fato de estar cerca de 500 km longe de Curitiba, dos amigos, da família e da praia nos causava algum desconforto.

Naquela época, a carreira de juiz federal era mais dinâmica, e logo surgiu a oportunidade de uma remoção para Joinville, a cerca de 100 km de Curitiba e, em sentido oposto, a 100 km da praia.

Foi a nossa segunda mudança.

Antes, e com a concordância dos meus clientes, direcionei meus contratos profissionais para colegas advogados locais, que dariam seguimento aos trabalhos.

Antes de mudarmos, tive a gravidez confirmada. Era nossa primeira filha que estava a caminho. Não fomos pegos de surpresa. Eu queria ser mãe nova e estava disposta a assumir a maternidade. Quando completamos um ano de casados, a gravidez se confirmou. Cheguei a Joinville grávida de quatro meses da nossa linda garota, que veio a nascer nessa cidade. Ela é catarinense.

Nessa fase, eu queria trabalhar em alguma banca, mas não consegui colocação. Ninguém emprega mulher grávida e achei que estaria tudo bem dar um tempo e curtir meu barrigão. Em agosto de 2000, nossa filha nasceu. Então éramos três. Moro havia agendado suas férias para esse período, sabendo que eu precisaria de ajuda para pôr em prática aquilo que os livros ensinavam sobre a maternidade. Em pouco tempo, conseguimos estabelecer rotinas de banho, alimentação e sono da nossa bebê. Passados quatro meses, a engrenagem já funcionava perfeitamente.

Bebês são encantadores, mas confesso que, com os sorrisos, nos roubam nosso sono. E, quando não dormimos bem, a irritação pode tomar conta. Moro não precisa de muitas horas de sono, diferentemente de mim. Se eu tiver que escolher entre ficar sem comer e sem dormir, abro mão das refeições.

Meu marido foi um pai participativo em tudo e em todas as fases. Ele fazia questão de estar comigo nas consultas com a pediatra e ajudava em tudo.

Naquele ano, aconteciam as Olimpíadas de Verão na Austrália e, por causa do fuso horário, os jogos podiam ser vistos no Brasil, em tempo real, durante as madrugadas, o que deixava Moro entretido nas noitadas logo que ela nasceu, quando nossa filha precisava de colo. Mesmo que não tivéssemos um bebê em casa, Sergio seria capaz de tirar férias para acompanhar suas modalidades preferidas dos Jogos Olímpicos e torcer pelos nossos atletas, pois ele treinou ginástica olímpica quando criança e adolescente e ama acompanhar as competições esportivas.

Compramos uma câmara de filmagem para registrar todas as fases da nossa garota. Durante a pandemia, agora em 2020, cumprindo o isolamento social em casa, resgatamos algumas fitas VHS, convertidas em DVD, para assistir com nossos filhos àquelas filmagens e também às gravações caseiras feitas anos mais tarde, quando nossa família cresceu e passamos a ser quatro.

Quando nossa bebê estava com 10 meses, eu queria desesperadamente voltar a ter contato com o Direito. Resolvi estudar e descobri uma pós-graduação em Direito Tributário e Processo Tributário que me interessou. A minha preferência sempre foi o Direito Público, e matriculei-me no curso. Afora as horas de aula, em todas as outras eu dedicava meu tempo cuidando de nossa filha e brincando com ela. Joinville é uma cidade conhecida por clima úmido chuvoso e calor intenso. As ruas não eram arborizadas e passear pelas calçadas era um verdadeiro sufoco. Ou se fazia bem no início da manhã ou no escurecer do dia. Como boa curitibana, nascida e criada em clima frio, o calor me faz mal fisicamente até hoje.

Moro sempre sofreu menos os impactos de cada mudança porque, a cada vara da Justiça Federal que fosse, os milhares de processos sempre o esperavam, junto a equipe de servidores e com outros colegas magistrados com quem podia interagir. E em cada um desses lugares pelos quais passamos conhecemos pessoas maravilhosas.

Quando nossa filha fez um ano e concluiu o primeiro ciclo de vacinas, concordamos que, no período da tarde, ela poderia ir a uma escolinha. Nós a deixávamos às 13h30 e eu seguia dirigindo para deixar Moro na Justiça Federal. Às 17h, eu buscava nossa filha na escolinha e, às 19h, Moro em seu trabalho. Eram três horas e meia por dia de que eu dispunha para organizar a casa e deixar meus estudos em dia.

Ser juiz federal em Joinville não o deixava tão exposto quanto em Cascavel, porque à época eram oito magistrados. O trabalho era diluído entre os juízes. Lembro que naquela época as varas federais não eram divididas por temas como são atualmente. Passados alguns meses, sobreveio a lei 10.259/2001 e a vara que ele titularizava se converteu em Juizado Especial Federal. Com isso, as matérias de Previdenciário e Direito Ambiental eram aquelas de que ele passou a cuidar.

Em tema de Direito Previdenciário, incluem-se os pedidos de concessão do Benefício da Prestação Continuada, conhecido como BPC. Trata-se de um benefício da assistência social pago pela União Federal para as pessoas idosas ou com deficiência, em situação de miserabilidade, condição que, segundo a lei, é demonstrada quando se soma toda a renda da família e divide-se pelo número de integrantes. Se esse valor for inferior a um quarto do salário mínimo, o indivíduo idoso ou pessoa com deficiência é considerado destinatário do benefício. Sabemos que 25% do salário mínimo é um valor muito pequeno e insignificante para sustentar uma pessoa, ainda mais porque um idoso ou pessoa com deficiência necessita de um cuidador, que deixa de trabalhar para se disponibilizar ao ente familiar. Além disso, há gastos com medicamentos. No entanto, é o que a lei diz ser. É preciso existir um benefício assistencial melhor para os que estão nessa situação de vulnerabilidade.

Nessa época, Moro, sempre um defensor dos direitos das minorias vulneráveis, julgava ações desses pedidos de benefício de prestação continuada. Há artigos científicos e capítulos de obras publicadas por ele com esse tema. Nesses processos, se o juiz eventualmente não concede o benefício que seria justo deferir, a justiça não estaria sendo feita. As pessoas não precisam de advogado para postular esse pedido no Juizado Especial Federal, podem comparecer pessoalmente ou por intermédio de um familiar. A Lei do Juizado dispensa a obrigatoriedade de advogado. Se, de um lado, isso é positivo porque é um serviço gratuito e favorece o interessado (por não ter despesa com a contratação de advogado), por outro, é negativo, pois esses processos dependem de prova técnica bem-feita e produzida na fase processual certa. A responsabilidade dos juízes previdenciários é grande e nem sempre a papelada encartada no processo permite compreender com exatidão a realidade daquele que postula o amparo assistencial. Hoje, o procedimento padrão está mais atento, mas naquela época, em que os juizados federais haviam sido recém-criados, a implementação não era eficiente como vemos atualmente.

Sempre atento ao direito dos vulneráveis, eu me recordo de que Moro marcava inspeções judiciais, as quais são um meio de prova previsto nas normas de processo, mas pouco utilizadas. No processo, a prova é voltada ao juiz da causa e ele pode pedir complementos ou mesmo realizar a inspeção até que forme o seu convencimento e se sinta apto a decidir.

Certa ocasião, conversávamos a respeito de um pedido desse benefício em que a defesa fundamentava que a pessoa não era considerada pessoa com deficiência porque teria condições de se alimentar sozinha e, com isso, possuía autonomia para o trabalho, não se enquadrando nas condições impostas pela Lei. Ele marcou a inspeção judicial e foi até a residência do postulante, onde atestou com os próprios olhos que as condições estavam implementadas. Deferiu, então, o benefício. É apenas um exemplo, mas registro aqui para mostrar que Moro sempre buscou fazer a coisa certa.

O mesmo procedimento ele adotava nas questões ambientais volumosas na região de Joinville e São Francisco do Sul pela Baía da Babitonga, área de preservação ambiental. Moro ia pessoalmente, em inspeção judicial, conhecer as construções irregulares que colocariam em risco a preservação ambiental sem se descuidar da moradia das pessoas daquelas comunidades.

O papel aceita tudo, inclusive situações desumanas. Ainda bem que bate um doce coração naquele sujeito, que ficou conhecido como sisudo e sério, mas que sempre se dispunha a ver que existia vida atrás daquela papelada de fórum. Eu sinto orgulho dele por isso.

FAZ DIFERENÇA

Essa foi a primeira premiação nacional recebida por Moro. Em uma cerimônia no Hotel Copacabana Palace, no dia 18 de março de 2015, o prêmio Faz Diferença de "Personalidade do Ano" foi direcionado ao meu marido, transmitido pelas mãos do vice-presidente do grupo Globo, João Roberto Marinho, e de Ascânio Seleme, diretor de redação. O cerimonial foi conduzido pelos jornalistas Ancelmo Gois e Míriam Leitão aos dezoito homenageados. Talvez por ter sido a primeira premiação, para mim, esta foi uma das mais marcantes. E para ele também.

Curitiba e Rio de Janeiro distanciam-se por uma hora de voo, e embarcamos no mesmo dia da premiação. O Copacabana Palace é um verdadeiro palácio e um dos cartões-postais da Cidade Maravilhosa, na orla de Copacabana, umas das praias mais conhecidas do mundo.

Hospedar-se no Copacabana é sinônimo de luxo, o que era incompatível com a renda de um magistrado. Sergio recusou a cortesia da organização do evento e optamos por outro hotel, cujas tarifas cabiam no nosso orçamento pessoal. Pagamos nossa estada com nosso próprio dinheiro.

No fim da tarde, caiu uma chuva torrencial. Um carro nos levou até o suntuoso Copacabana Palace. Ao chegarmos lá, Sergio desceu do carro antes de mim, estendeu-me a mão e eu desci. Mal deu tempo de arrumar a postura e já fomos alvejados por milhares de flashes, descarregados sobre nós.

Caminhávamos com dificuldade entre jornalistas e fotógrafos, que nos fechavam em um círculo. Fomos levados a um saguão no qual os diretores do Grupo Globo estavam com os demais homenageados e com alguns jornalistas, mas dessa vez restrito ao grupo de conversa, sem fotos e flashes.

Chegada a hora da cerimônia, acomodamo-nos na plateia, sentamo-nos lado a lado e, de nossos assentos, assistimos às premiações. Antes de ser anunciado o premiado, todos acompanhavam um vídeo, semelhante a um curta-metragem, com as tarefas exercidas no ano de 2014, que motivaram a nomeação. O local parecia uma sala de cinema, escura e com um telão gigante meio curvado. Ao lado direito estavam Míriam Leitão e Ancelmo Gois, os apresentadores da cerimônia.

Lembro que Ancelmo falou algo parecido como "guardem esse nome", ao mesmo tempo que a imagem do Moro crescia na tela gigante. O apresentador ia contando a história da Lava Jato acompanhado das cenas representativas da operação, transmitidas no telão.

Claro que Moro ficou emocionado, mas manteve a cabeça no lugar para não se sentir deslumbrado por nada. O foco era exercer o trabalho, porém receber o prêmio pela atuação institucional em conjunto com a PF e o MPF era uma espécie de energia propulsora para deixar as dificuldades de lado e prosseguir. Ele subiu ao palco a fim de receber o prêmio e, com muita humildade, atribuiu-o a todos os que de alguma maneira trabalharam com a Operação Lava Jato.

REVISTA *TIME*

Anualmente, a revista americana *Time* publica uma edição com as cem pessoas mais influentes do mundo, entre ativistas, artistas, líderes e empresários que estão mudando o planeta. A edição de 2016 apontava Moro como uma delas, ao lado de conhecidas personalidades como o ator Leonardo DiCaprio (pelo ativismo da proteção do meio ambiente), Christiana Figueres (pela liderança da Convenção do Acordo Climático de Paris), Priscilla Chan e Mark Zuckerberg (que direcionaram parte de suas riquezas para desafios de educação e cura de doenças), Charlize Theron (pela fundação voltada à prevenção da aids) e tantas outras personalidades, como Barack Obama, Hillary Clinton e Angela Merkel.

A revista publicou a seguinte legenda sobre meu marido:

Limpando a corrupção. Brasileiros o chamam de Super-Moro, entoando seu nome pelas ruas do Rio de Janeiro como se ele fosse uma estrela do futebol. Mas Sergio Moro é somente um juiz, ainda que um atuando em um escândalo de corrupção tão imenso que pode derrubar um presidente – e talvez alterar uma cultura de suborno que tem por muito tempo ofuscado o progresso de seu país. A Operação Lava Jato, como a investigação é chamada, descobriu que subornos eram pagos para intermediários e políticos em troca de contratos junto à Petrobras, a empresa estatal de petróleo. A quantidade de dinheiro é gigantesca, mas ainda maior é o impacto político, com centenas de legisladores sob investigação. Apesar de não ter sido relacionada diretamente a qualquer suborno, a Presidente Dilma Rousseff agora enfrenta um processo de impeachment. Moro foi acusado de ignorar o devido processo e ele demonstrou que deseja submeter os seus casos à Corte da opinião pública, mas a maioria dos brasileiros sente que essas táticas drásticas justificam como troca por um país mais honesto.

O convite para a cerimônia de premiação, marcada para o dia 26 de abril, chegou em março. Moro passou dias pensando se iria ou não. Ele realmente refletiu muito a respeito, pois avaliava se seria adequado ou não receber pessoalmente a honraria, porque o objetivo do trabalho nunca foi a busca de reconhecimento – este veio como consequência. Como sempre, sabe avaliar os aspectos positivos e negativos e ficou titubeando longos dias. Não se tratava de vaidade, mas de receio de romper com a liturgia imposta aos magistrados. A única dúvida era essa.

Faltando duas semanas para a data da cerimônia, eu estava cumprindo agenda profissional em Brasília, cheia de prazos e reuniões para cumprir, e ele me ligou indagando se poderia acompanhá-lo, pois decidira ir. Era preciso considerar que Moro era o único brasileiro do rol de homenageados na revista, e não se tratava somente de ele estar lá, mas de um pouquinho do Brasil, por intermédio da Lava Jato, estar lá.

O que todos viram como glamour aqui no nosso país foi, para nós, uma correria insana. O Aeroporto Internacional de Curitiba não é tão internacional assim, e não oferta voos diretos aos Estados Unidos.

Cada qual munido com o seu laptop, saímos de casa para a jornada que seria longa.

A cerimônia aconteceu no Lincoln Tower, em Nova York. Moro estava tranquilo porque, afinal, era apenas uma cerimônia. Glamorosa, mas apenas uma cerimônia. A emoção foi maior mesmo quando soubemos que ele havia sido um dos escolhidos...

DOUTOR *HONORIS CAUSA*

Também no ano de 2017, a Universidade Notre Dame concedeu ao meu marido o Prêmio Notre Dame; e, em 2018, o título de Doutor *Honoris Causa*. Para essa cerimônia, ele foi convidado a fazer o 173º discurso de formatura aos graduandos. A cada ano, a universidade cortesmente solicita a presença de uma personalidade para esse discurso. No ano de 2009, por exemplo, quem o fez foi o então presidente Barack Obama.

A universidade se localiza em South Bend, próximo a Chicago, nos Estados Unidos. Foi uma das únicas ocasiões em que presenciei Moro verdadeiramente ansioso. Sergio não faz nada de improviso e seu discurso já estava impresso e guardado na pasta de couro azul. Nesse dia, ele me entregou uma cópia de segurança, também impressa, para acalmar a sua própria ansiedade.

Ao ver o tamanho do estádio onde seria realizada a cerimônia, com capacidade para setenta mil pessoas, meu coração disparou. Naquele momento, entendi o nervosismo dele. No dia anterior, Sergio comparecera a um ensaio e já tinha visto o tamanho da plateia que o aguardaria.

O discurso dele durou cerca de vinte minutos. A passagem mais marcante foi voltada para os alunos:

Para mim, tudo está conectado neste mundo pequeno. Isso torna suas responsabilidades ainda maiores. Vocês serão advogados, professores, o que seus desejos e talentos lhe proporcionarem. Mas nenhum homem nasce para ele mesmo, nunca se esqueçam de agir com integridade em suas vidas públicas e privadas, nunca desistam. Não importa quão alto você esteja, a lei sempre está acima de você.

Ele foi efusivamente aplaudido naquela manhã.

Diante do fato de Moro ser reconhecido nacional e internacionalmente, eu não acreditava que o Presidente pudesse querer medir popularidade com ele. Por essa razão, eu não conseguia acreditar nas vozes que se erguiam para dizer que a fritura de Sergio Moro era por causa da popularidade, que causaria algum ciúme em Bolsonaro. Quando Moro entrou no Governo, já era conhecido nacional e internacionalmente. A razão de sua popularidade era apenas uma: ele fez a coisa certa no decorrer de um trabalho institucional, por ocasião da então chamada Operação Lava Jato, despertando na sociedade a esperança de que a impunidade poderia estar com os dias contados no país. A sociedade adotou a Lava Jato, relacionando-a com a pessoa de Sergio Moro.

UMA NOITE NO MUSEU

A Câmara do Comércio Brasil-Estados Unidos é um centro privado de discussões comerciais que envolve acordos de cooperação entre os países no que diz respeito a termos do comércio bilateral, entrada de visitantes e facilitação do comércio. Com sede na cidade de Nova York, todos os anos ela confere a honraria Personalidade do Ano a um brasileiro e a um americano que tenham exercido papel de destaque no fortalecimento das relações institucionais dos dois países.

Em 2017, Sergio Moro recebeu o título ao lado de Michael Bloomberg, ex-prefeito de Nova York. A premiação se deu em cerimônia ocorrida no salão Oceano do Museu de História Natural de Nova York, na qual muitos brasileiros estavam presentes. Eram mais de oitocentos líderes empresariais, além de pessoas do mercado financeiro e de funções diplomáticas. Do lado de fora, havia um pequeno grupo de manifestantes, cerca de trinta indivíduos, ainda inconformados com a condenação criminal do ex-presidente Lula e segurando faixas com os dizeres "Lula livre".

A Lava Jato nunca foi uma ação política. Foi uma ação criminal que condenou criminosos, mas, como os criminosos eram pessoas do cenário político, este sofreu impacto. Moro já explicou sucessivas vezes que o foco da Operação era a Petrobras, controlada por pessoas do PT e partidos aliados, como PMDB, PP e PTB; logo, os beneficiários das propinas eram ligados a esses partidos. Não faria sentido eles dividirem a propina com integrantes da oposição. Mais tarde, quando a Operação se expandiu, o Supremo Tribunal Federal determinou que tudo que não fosse relacionado à Petrobras deveria sair da 13ª Vara de Curitiba e os processos foram pulverizados para outros Estados, principalmente Rio de Janeiro e São Paulo. Outras autoridades, em função de seus cargos e mandatos, tinham direito ao foro privilegiado e, portanto, só o Supremo Tribunal Federal poderia julgá-las.

Havia essa cobrança da sociedade: por que somente pessoas vinculadas ao PT sofriam os efeitos da Operação Lava Jato? Sergio era cobrado, por exemplo, para explicar a razão de o senador Aécio Neves não ser alvo nos processos da 13ª Vara. E a resposta é uma só: sendo senador, quem tem competência para conduzir o processo é o Supremo. Mesmo assim, diziam que meu marido não processava o Aécio porque seria amigo dele ou porque ele era do PSDB. Uma grande bobagem.

Durante a cerimônia, eu fui acomodada a uma mesa, que não era a mesma do Moro. Quando o nome dele foi anunciado, ele caminhou por entre as mesas e veio até mim, me deu um beijinho e subiu ao palco para o seu pronunciamento. Ele disse:

Não sei se um juiz deve chamar este tipo de atenção. Judiciário e juízes devem atuar com modéstia, de maneira cuidadosa e humilde. Presumo que este prêmio significa que o setor privado, em geral, apoia o movimento anticorrupção brasileiro e isso, com certeza, faz uma grande diferença. Não há ganhos ao se render à corrupção. Todos nós queremos um Governo limpo, um mercado limpo. Se, por um lado, o mau uso do poder para ganhos privados pode causar certa vergonha, por outro, no entanto, o avanço das investigações deve ser motivo de orgulho. Nada de baixar a cabeça, o futuro só pode ser visto olhando acima o horizonte. E então você precisa elevar sua visão.

CONFERÊNCIA DE ESTORIL

Estoril, balneário situado perto de Lisboa, sedia desde 2009, e a cada dois anos, um encontro global contando com a participação de mil pessoas. É ponto de encontro de pensadores e lideranças com o objetivo comum de promover o debate de temas dos desafios mundiais. No ano de 2017, entre os dias 29 e 31 de maio, aconteceu a 5ª edição do evento e Moro foi um dos conferencistas convidados.

Na ocasião, eu pude acompanhá-lo e, acomodada na plateia, tive a honra de ouvir as conferências daquela edição. Uma das personalidades era Edward Snowden, que trabalhara na agência de inteligência norte-americana NSA – National Security Agency, e tinha sido acusado de vazar informações sigilosas dos Estados Unidos e expor métodos de espionagem daquele país. Snowden, por motivos óbvios, não podia estar pessoalmente e palestrou através de um robô, como tem feito há anos.

Também palestrou Antônio de Pietro, o procurador italiano do famoso caso Operação Mãos Limpas, que equivale à Lava Jato italiana, objeto de profundo estudo do Sergio Moro. A Operação Mãos Limpas (*Mani Pulite*) expôs uma Itália mergulhada na corrupção e o pagamento de propinas em contratos do Governo. Naquele país, a Operação não alcançou o objetivo de acabar com a corrupção porque houve reação dos agentes políticos para enterrá-la, exatamente como vemos hoje no Brasil.

Conseguimos passear um pouco por Estoril e Cascais, caminhando com tranquilidade. Como parte da divulgação da conferência, a organização do evento estampou imensos outdoors com a foto dos participantes – e a de Moro estava lá. Aliás, algumas dessas fotos viraram adesivos nos trens locais com a frase "eles mudaram o mundo". Fomos tomados com aquela imagem e ficamos surpresos. É sempre emocionante ver o trabalho dos membros da Operação Lava Jato reconhecido fora do país.

LEVANDO BRONCA

Acabando a semana que seria as férias de Moro, a qual passamos juntos, ainda em janeiro de 2020 eu fui para a Itália com duas amigas. O mundo já estava em alerta com o novo coronavírus. Em Roma, víamos muitos turistas asiáticos usando máscaras, o que não nos chamou atenção, pois esse já é um hábito incorporado nos países asiáticos, que consideram ser descortês com as outras pessoas o fato de tossir ou espirrar sem a devida proteção. Usa-se máscara respiratória, portanto, não apenas quando se está doente, mas também para se proteger de algum vírus, proteger os demais e se prevenir da poluição. Aquela coisa de consciência coletiva e de bem comum que ainda estamos tentando aprender por aqui.

No entanto, sempre atentas ao noticiário brasileiro e mundial, já sentíamos um clima estranho no ar. Na última semana de janeiro, concordamos que para o voo de volta seria prudente usarmos máscaras, afinal, aeroportos e aeronaves são ambientes fechados sem circulação de ar natural, e que já deixam os passageiros mais suscetíveis a desconfortos respiratórios.

Em fevereiro, as notícias sobre o novo coronavírus ganharam ainda mais espaço e fiquei assustada. A rapidez com que o vírus agrava a saúde, mesmo de quem não é grupo de risco, a necessidade de tratamento em terapia intensiva por longo período, a inexistência de vacina, a falta de perspectiva de cura, o isolamento dos enfermos nas terapias intensivas, a despedida desumana nos casos de óbito sem sequer um justo adeus, tudo isso me causou certo pânico.

E eu precisava fazer nova viagem para buscar o nosso filho, que tinha encerrado seu intercâmbio escolar. Meu coração de mãe me orientou a ir pessoalmente até lá. O Canadá ainda não contava com casos de contaminação, mas aeroportos e aeronaves não podiam ser evitados. Máscaras e álcool gel entraram na minha bolsa – aliás, não mais saíram dela.

No mês de março o mundo assistiu ao epicentro das contaminações na Itália, país que adotou medidas severas de isolamento social. Políticos e autoridades davam o bom exemplo para a população, respeitando a quarentena. Preocupavam-se em manter a todos informados e orientados para diminuir os impactos do inimigo mortal que se alastrava mundialmente.

A mim, parecia muito claro que o vírus chegaria ao Brasil, mas eu confiava que por aqui o cenário era mais favorável. É certo que a ciência ainda não podia dar as respostas exatas sobre o próprio vírus e sobre como tratá-lo, mas tínhamos o exemplo das outras nações, que mostravam o que poderia ser uma prática de contenção exitosa ou caótica. Assistimos muito além de vídeos nos noticiários: nos foram mostrados estatísticas e dados.

Eu acompanhava quase que diariamente a coletiva do Ministério da Saúde e agradecia a Deus por termos um Ministro da Saúde que, além de conhecer o nosso SUS, era médico. Sabemos que no Brasil nem sempre foi assim. Entretanto, as orientações dadas por ele pareciam dissonantes da postura das autoridades, em especial a do Presidente. A mim causava estranheza porque o Presidente o havia escolhido, assim como os demais, por critérios técnicos e pela contribuição que cada um poderia dar ao país por meio das suas expertises, mas não seguia as orientações destes.

Eu achava temerário o Governo Federal não ter um plano nacional, ou ao menos uma campanha publicitária para orientar a população a, pelo menos, lavar as mãos, distanciar-se dos demais, mas o Presidente parecia não levar o vírus a sério.

No dia 2 de abril, eu fiz uma postagem na minha conta na rede social Instagram: "Entre ciência e achismos, eu fico com a ciência. Se você tem uma doença rara, você não quer ouvir um técnico? Henrique Mandetta tem sido o médico de todos nós e minhas saudações são para ele. *In Mandetta I Trust*" (escrevi em referência à frase *In Moro I Trust*, quando da Lava Jato).

Moro, antevendo que isso desagradaria ao chefe, me pediu para apagar. Contrariada, eu apaguei e nem preciso dizer que brigamos. Não há liberdade de expressão para discordância de atos do Governo. Nesse caso, você vira inimigo.

Minha postagem não era para ofender o Presidente nem ninguém, mas porque, para mim, esse novo coronavírus é assustador. Bolsonaro teria cobrado do Sergio satisfações sobre a minha manifestação quando no dia seguinte mandou um print para o meu marido. Moro explicou-lhe que eu estava assustada com a Covid-19, que já tinha me pedido para apagar a mensagem. Talvez a explicação tenha sido vã, já que no Governo prevalecia o negacionismo.

A minha briga com Moro foi porque, como cidadã, eu perdi o direito de me manifestar sobre aquilo de que discordo. Desde a época da Lava Jato, eu já tinha perdido esse direito porque atribuem a minha fala a Moro, o que é totalmente descabido, porque meu marido fala por si mesmo. No entanto, sou apenas uma "cônje", como tratado na entrevista de Pedro Bial.

Antes mesmo desse episódio, no dia 13 de março – uma sexta-feira – estabelecemos no meu escritório que trabalharíamos em *home office*. Para nós, advogados, isso não é dificuldade alguma, basta estarmos munidos de computador, *token* de assinatura digital e acesso à internet, e o nosso trabalho não sofre prejuízo algum. Até as audiências têm sido realizadas de maneira virtual, com os Tribunais fazendo sessões de julgamento virtual. Nossos clientes também podem ser atendidos dessa maneira. Isso porque estamos em uma capital estruturada, mas eu sei que existem cidades neste Brasil que sequer têm água encanada, quanto mais acesso à internet. Infelizmente, cabem muitos Brasis neste Brasil, tamanha a desigualdade social que vemos por aqui.

Para mim, o novo coronavírus sempre foi algo sério. Muito sério. Ele é agressivo. Ainda não temos vacina, ainda não temos tratamento 100% seguro. A meu ver, a maior dificuldade é dispormos de hospital para um grande número de pessoas, e mesmo neste cenário de muitas incertezas uma coisa já sabemos: o vírus se alastra ferozmente. Goste ou não, o fato é que, se todos precisarem de hospital ao mesmo tempo, não vai haver leitos o suficiente, os quais precisam ser objeto de rodízio para atender a todos. Basta calcular o número da população com o número de vagas aptas a acomodar pacientes. O desafio é, portanto, impedir que todos precisem de atendimento médico ao mesmo tempo.

Para evitar esse colapso, entendi o distanciamento social como necessário. Eu pratiquei o isolamento acreditando estar fazendo a minha parte justamente porque sei que diversas pessoas não podiam. Muitos não entenderam. Muitos desdenharam. Hoje, vejo com enorme pesar os números. É muito triste saber que milhares de famílias não conseguiram vencer o vírus, tampouco seguiram a liturgia da despedida, que é uma forma de alento ao coração.

Até aqui, enquanto escrevo estas linhas, o Governo mostrou uma atitude negacionista da gravidade da pandemia, com a qual eu não posso concordar ou aceitar. Sei que a saúde precisa ser equalizada com questões de economia, de trabalho e de outras necessidades básicas que devem ser asseguradas aos cidadãos, mas para mim a vida está em primeiro lugar.

Eu acho que as autoridades têm a obrigação de dar o exemplo, assim como os pais nas orientações mais básicas. Se não quer que seu filho pise no sofá, você não pode fazer isso, ou vai dar o comando errado.

Sergio sempre defendeu, internamente no Ministério, a postura do então ministro Mandetta. No Twitter, que ele criou para suprir a deficiência da comunicação do Governo, defendia o isolamento, o uso de máscara, respeito às normas do Ministério da Saúde e que, os que pudessem, ficassem em casa. No dia 2 de abril, em entrevista à uma rádio gaúcha, defendeu o isolamento. Em algum momento, até tentou suavizar o negacionismo predominante no Governo, postando elogios a um dos pronunciamentos em que Bolsonaro defendeu um discurso conciliador.

O que mais me assusta como ser humano é que as pessoas que são infectadas pelo novo coronavírus e que precisam de um atendimento em unidades de terapias intensivas são submetidas ao isolamento total, muito mais cruel do que o isolamento feito em casa. Nem uma única pessoa da família pode acalentar a ansiedade do indivíduo enfermo.

Assustam-me, também, os casos de óbitos em que o ritual da despedida precisa ser sacrificado por razões sanitárias e para evitar a propagação do vírus. Para mim, falta empatia a quem não se solidariza com a dor dessas famílias. Não acredito em quem se diz cristão e não tem solidariedade nas suas atitudes.

Eu creio na ciência. Em tempos de normalidade, a implementação de uma política pública depende da criação de um protocolo que atualmente é atribuição da Conitec, um órgão colegiado vinculado ao Ministério da Saúde que desde sempre atua com base em evidências científicas. Quando o tema da judicialização da saúde ganhou a pauta do Poder Judiciário, todos defenderam, em uníssono, que procedimentos experimentais não podem ser aplicados. Por que com a Covid-19 haveria de ser diferente?

Assistindo a tantos comentários a respeito do tratamento, que até hoje não é consenso nem na comunidade científica, eu me pronunciei na minha rede social dizendo que, entre ciência e achismo, eu opto pela ciência.

A minha publicação em rede social foi feita como cidadã, como brasileira, como contribuinte e como eleitora. No entanto, sendo casada com o então Ministro da Justiça e Segurança Pública, a minha mensagem não passou despercebida. Esse é o ônus de ser casada com uma figura pública. Você não pode se manifestar, pois perde esse direito.

Vozes se ergueram para dizer que Moro tinha sumido do cenário para combater a pandemia, mas convenhamos que se nem mesmo Mandetta, o Ministro da Saúde, conseguiu permanecer realizando o trabalho com base em evidências científicas, o que Sergio Moro poderia fazer?

Vozes também se ergueram para criticar a possível compra de tablets pelo Ministério da Justiça, cuja única finalidade era preservar o direito de visita dos familiares dos detentos. A lei dá aos presos o direito de receber visitas de seus familiares e em épocas de pandemia o contato pessoal deve ser evitado, então o tablet poderia substituir o encontro presencial. Se a lei não agrada, mude-se a lei, mas no entremeio, ela tem de ser cumprida. Não era um presente para a pessoa presa, mas um instrumento para o estabelecimento prevenir a contaminação. Não era um tablet por preso, mas alguns por presídio, que ficariam na posse da administração com as visitas virtuais monitoradas, como de costume. Melhor manter visitas virtuais do que incentivar a soltura dos apenados, sob o argumento de impedir a propagação do vírus.

No Brasil, há mais de setecentos mil presos. O tablet não era um presente para os detentos, tampouco ficaria com eles, mas um instrumento para o presídio garantir o direito da família e evitar o contato pessoal. Claro que foi alvo de críticas. Bandido bom não é bandido morto. Bandido bom é o meliante devidamente investigado, processado e colocado sob a custódia do Estado, com a garantia da defesa, como determina o devido processo legal. E uma vez condenado, deve cumprir a sua pena integralmente, da maneira determinada pela lei. Ninguém está acima da lei.

ANTES DE ELE VOLTAR

Um dos motivos da minha angústia a cada mudança é organizar o acervo dos livros do Sergio. Livros devem ser lidos, guardados ou doados; jamais descartados. Eu não consigo jogar fora um livro sequer. É um apego que não tenho com nenhum outro bem. Não sei explicar ou justificar. Talvez seja o fato de ele ter me dado, logo no nosso primeiro encontro, uma obra para ler: *O estrangeiro*, de Albert Camus. Ou talvez seja o fato de receber dele, meu namorado, poesias de Fernando Pessoa e de Edgar Allan Poe. Dentre outros hábitos que adquiri com ele, um foi a leitura.

Quando Sergio anunciou sua saída do Governo, além de outras questões, eu sabia que havia um problema prático para solucionar rapidamente: uma nova biblioteca estaria a caminho de nossa casa. Se existe alguém neste mundo que compra ou recebe livros como a água jorra da torneira, esse alguém é Sergio Moro. Meu marido lê tudo, sobre tudo e o tempo todo. Até mesmo enquanto doura um hambúrguer para as crianças, ele está com um livro na mão.

Dessa vez, por desleixo meu, havia duas bibliotecas a serem acomodadas, e não apenas uma. Quando aceitou o cargo de Ministro, ele se dedicou de imediato a trabalhar na equipe de transição. Em seguida, a exoneração do cargo de juiz foi publicada e ele precisava desocupar o Gabinete da 13ª Vara Federal de Curitiba, que seria utilizado por outro colega. Eu estava em uma fase profissional bem sobrecarregada, com compromissos internacionais, e tive dificuldade de ir ao Gabinete gerenciar a mudança. Moro já havia feito uma limpa nas gavetas, separando o que podia ser descartado e o que deveria ser guardado. Ele me pediu que providenciasse o transporte do acervo para nossa casa.

Foram algo em torno de trinta caixas grandes e pesadas. No entanto, não eram somente livros. Havia também pequenos presentes e homenagens que a sociedade dedicou a ele por causa da Operação Lava Jato. Tal como os livros, eu não poderia me desfazer de nenhuma daquelas lembranças. Foram acomodadas em uma das salas do meu escritório com o compromisso e a intenção de abri-las em breve, mas fui procrastinando e ficaram cerca de um ano como adorno.

Um ano e quatro meses depois, quando Moro saiu do Ministério, eu não tinha mais opção: precisava dar um jeito naquilo tudo, porque estava certa de que mais livros chegariam.

As lembranças e homenagens que ele recebeu nunca ficaram expostas no Gabinete. Ele sabia que estavam lá e não tinha a necessidade de mostrá-las. Moro mantinha os estojos de veludo com placas de homenagem fechados e acomodados em pilhas na estante. Os quadros pintados com seu retrato não foram pendurados e mantiveram-se embalados nas estantes. Pequenas esculturas ou souvenires característicos de outras nacionalidades permaneciam nas suas embalagens originais, envoltos de papel bolha. Os livros autografados se incorporaram aos dele. Dezenas de camisetas com estampas da Lava Jato e da República de Curitiba permaneciam dobradas.

Moro tem uma maneira peculiar de administrar o reconhecimento. Ele não se vangloria por nenhuma honraria. Sequer expõe as honrarias recebidas. Ele as guarda na memória e as acomoda na estante, todas fechadas, assim como todos os seus diplomas dos cursos de formação, que nunca foram emoldurados para pendurar nas paredes. Ele não tem a vaidade de mostrar as honrarias recebidas para quem quer se seja, nem mesmo para mim. Só conheci algumas delas à medida que ia abrindo as caixas.

QUANDO ELE VOLTOU

Sergio despediu-se do Governo no dia 24 de abril. Em meio à pandemia, ainda assustada com a Covid-19, considerando que não havia mais voo direto de Curitiba para Brasília, e com uma sensação de desgosto tão grande e inexplicável, eu simplesmente não quis ir à Capital Federal. Tudo seria uma desculpa para eu não ir, e me apeguei na ausência de voo direto e isolamento social.

A agenda de voos sempre foi marcada com bastante antecedência; quando comprados antecipadamente, garantem tarifas melhores – e, sabendo disso, nós organizávamos nosso orçamento com antecedência, mesmo que em algumas vezes fosse necessária alguma alteração. Meu marido já tinha voo comprado para o dia 1º de maio e ele manteve o plano. Precisava desse período para rescindir o contrato de locação do apartamento, entregar as chaves, retirar seus pertences do

Gabinete e fazer a limpa da papelada acumulada ao longo de um ano e quatro meses.

A equipe de servidores do Ministério, parte que era de Curitiba e tinha ido trabalhar em Brasília, era formada por seus fiéis escudeiros, os quais o auxiliaram nessa tarefa. Sergio ainda estava abalado e nessas horas é sempre importante contar com pessoas próximas e de confiança.

Moro voltou com sua mala de mão; duas, na verdade. A escolta dividiu com ele a franquia da bagagem e as caixas vieram depois.

Hora do abraço. Estávamos em casa esperando por ele. Tudo havia acabado. Ou melhor, estava apenas começando, porque o procurador Augusto Aras instaurou um inquérito para apurar se Moro teria cometido crime de calúnia ou de difamação quando justificou, no seu pronunciamento, o motivo da sua saída.

Meu marido voltou calmo e sereno, mas não teve muito tempo livre, pois já respondia ao inquérito instaurado pelo PGR (Procurador-Geral da República). Logo na sua chegada, ele me contou que constituiria advogado para representá-lo no inquérito. Nesse instante, dissemos – ao mesmo tempo – o nome do doutor Rodrigo Rios, que havia atuado na defesa de alguns réus da Lava Jato e Moro sabia que, além de *expert*, tinha boa técnica e trabalhava com princípios éticos irretocáveis.

No sábado, dia 2 de maio, Moro prestaria depoimento na sede da Polícia Federal em Curitiba, como instrução do inquérito do Aras. Na noite anterior, eu sugeri que assistíssemos novamente aos pronunciamentos dele e do Presidente, ocasião em que Moro discorreu sobre a trajetória no combate à corrupção enquanto juiz, sobre os motivos que o levaram a aceitar o convite para ser Ministro, sem se descuidar de agradecer a toda a equipe e mencionar o programa Faça a Coisa Certa, sempre, implementado no âmbito do Ministério.

Moro não imputou crime algum a Bolsonaro. Ele justificou que a sua saída do Governo Federal decorreu da sua percepção de que, ao longo de um ano e quatro meses, o Presidente estaria se distanciando da pauta anticorrupção.

Imediatamente após a fala de Moro na coletiva das 11h da manhã daquela sexta-feira, dia 24, os jornalistas e comentaristas políticos noticiavam que não se tratava de um pronunciamento, mas de uma delação premiada que meu marido teria feito contra o Presidente.

Repito, Moro não imputou crime algum ao Presidente em seu pronunciamento, apenas relatou os fatos e quase que imediatamente o Procurador-Geral da República instaurou um Inquérito Policial para apurar se Sergio havia cometido calúnia.

No dia 2 de maio, Moro prestou depoimento, cujo início estava marcado para as 14h. A partir das 15h, eu já estava inquieta, aguardando-o dar notícias e voltar para casa. A cada hora que se passava, eu ficava mais ansiosa e acompanhava pela TV a movimentação na sede da PF. O depoimento acabou tarde da noite, e teve de ser transcrito para o papel, o que leva um tempo para ser feito. Além disso, Moro precisou entregar o seu celular para ser periciado e para que os dados solicitados pelos investigadores fossem extraídos, o que também é demorado.

Diante do adiantado da hora, a fome bateu e o grupo reunido em torno do inquérito e depoimento pediu pizza, o que foi noticiado na televisão e visto por todos nós. A de calabresa, definitivamente suponho que tenha sido a pedido do Sergio.

Em torno da meia-noite, ele chegou em casa, sereno e focado. A missão tinha sido cumprida.

A MELHOR DEFESA NÃO PODE SER O ATAQUE

A quinta mudança é, de todas, a mais significativa para nós. Estamos vivendo um novo ciclo. Não sabemos ao certo o destino. A volta de Moro para casa coincidiu com o período da pandemia e, mesmo respeitando as regras de distanciamento social, estamos mais juntos do que nunca, todos na mesma residência, sem voos, sem malas e sem atropelos. De casa, cumprimos todas as nossas obrigações. As aulas dos filhos estão sendo assistidas pela internet; meu trabalho, de igual maneira, tem sido todo remoto.

A pandemia foi um freio de mão puxado para desacelerarmos a nossa vida. E, neste momento de reflexão, a lição que eu tiro é a seguinte: devemos focar no que realmente importa, deixando de lado afazeres superficiais que só consomem nosso precioso tempo e não nos engrandecem enquanto pessoas. O fato de Sergio estar em casa, cumprindo o isolamento, é motivo de alegria para nós. Havia anos o excesso de trabalho o consumia de maneira que, mesmo em casa, era como se estivesse apenas de corpo presente.

Fechamos o ciclo de contribuir diretamente para o país. Sergio foi incansável. Ao longo dos últimos seis anos, mesmo nos dias de descanso, quando íamos para longe de tudo que pudesse remeter ao trabalho, o trabalho não o esquecia.

Em sua trajetória, ele foi fazendo alguns inimigos: réus, familiares de réus, simpatizantes de réus etc. A partir da Operação Lava Jato, os ataques se intensificaram e ultrapassaram a pessoa dele, também para atingir a mim, aos nossos filhos, amigos, familiares próximos e clientes do meu escritório.

Advogados que patrocinavam causas de alguns réus também não pouparam palavras de ofensas. Sobre eles, Moro fazia graça dizendo que, não fosse a Operação Lava Jato, estariam todos menos ricos, porque cobravam verdadeiras fortunas para a defesa de seus clientes.

As ofensas e ataques vêm de forma direta ou por intermédio de interlocutores. Geralmente, são pessoas escondidas em perfis com pseudônimos – nas redes sociais – ou jornalistas excomungados de veículos de imprensa, mas ainda na ativa em seus blogs de conteúdo e financiamento duvidosos. Alguns "Adélios" também nos cercaram: se não com facas ou armas, com atitudes igualmente assustadoras.

Fico tentando compreender o que leva uma pessoa a se dar ao trabalho de redigir um e-mail de várias páginas com o único objetivo de ofender o juiz ou pessoas próximas ao juiz, as quais sequer participam do processo. Mesmo não sendo parte da Operação Lava Jato, recebi vários desses e-mails. A melhor forma de se defender de uma decisão judicial é o recurso processual.

A saída de Moro do Ministério da Justiça e Segurança Pública intensificou as ofensas. Agora, antilavajatistas somam-se aos bolsonaristas para criticar a todos nós, como se o culpado de um assassinato fosse quem descobre o cadáver, e não o seu assassino.

Com o tempo, aprendemos a conviver com os ataques. O importante é fazer a coisa certa e seguir com princípios naquilo que acreditamos. E posso dizer que estamos felizes por termos encerrado esse ciclo iniciando um novo.

O LIMITE DO ACEITÁVEL

Quando o Presidente convidou Moro para ser Ministro de Estado, ele sabia que meu marido era um homem da lei que sairia de sua zona de conforto assumindo toda responsabilidade possível.

Logo depois que assumiu o posto como Ministro, Moro compartilhava comigo as suas angústias. A maior delas era tentar evitar que o Brasil assistisse ao que aconteceu na Itália, por ocasião da Operação Mãos Limpas. Naquele país, o trabalho do Poder Judiciário contra a corrupção não foi suficiente. Lá, o parlamento se uniu para barrar a operação – e conseguiu.

Quando meu marido abandonou a sua carreira de vinte e dois anos, o seu objetivo era apenas consolidar avanços anticorrupção a bem do país e da sociedade, aquela representada pelos milhões de pessoas que foram às ruas em anos anteriores se manifestar pelo fim da corrupção e da impunidade de corruptos. Ele acreditou que, com a ajuda do Planalto, poderia realmente encampar novos projetos de Lei e solidificar uma política anticorrupção.

Vejo críticas dizendo que Moro não tinha traquejo político. Sergio era magistrado e, como tal, tem conhecimentos técnicos. Bolsonaro e o Governo sabiam disso quando o convidaram para integrar o Governo. Moro tinha técnica, experiência e sabedoria para dar as diretrizes que poderiam ser encampadas pelo Governo. Meu marido sentia que suas pautas eram órfãs do Governo, o que confessava a mim, e seguiu em frente até o limite do que, para ele, seria aceitável. Se fosse subordinado à vontade de alguém, ele não teria condenado pessoas poderosas como fez. Eu não sei dizer o motivo de o Planalto não encampar o que Moro defendia: se era para evitar o protagonismo dele na agenda anticorrupção ou se era porque não queria que a pauta avançasse. O Governo se aliou a pessoas que não têm um currículo exemplar e a pauta anticorrupção poderia não ser mais interessante para eles.

Em uma das manifestações no cercadinho, o Presidente Jair Bolsonaro disse que a hora do Ministro ia chegar, que ele tinha a caneta. Até hoje não sei dizer se era recado para Moro ou para Mandetta, que estava também em situação incontornável, mas sei que todo mundo tem um limite. O limite do meu marido foi ver a regra do jogo alterada. Ele não tinha autonomia alguma, não podia responder por algo de que não participava. Moro lamentou, muito e muito, desembarcar em meio a uma pandemia, mas era o limite do aceitável para ele.

AGRADECIMENTOS

Para escrever estas páginas, eu precisei repousar a mente. Em tempos de pandemia e de distanciamento social, parecia ser uma tarefa fácil, mas a ansiedade de ver todos, de alguma maneira, retomarem suas vidas longe do coronavírus me causa alguma inquietação.

A cada fase da minha trajetória a vida me apresentou pessoas maravilhosas, como se cada uma fosse especialmente colocada pelo Universo à minha frente, para uma determinada situação. No decorrer desta obra, não foi diferente. Por meio da Lilian, conheci a técnica da estimulação neural e aprofundei meus conhecimentos sobre meditação, o que me permitiu momentos de paz e de reflexão, essenciais para o resgate de memórias importantes – algumas escritas aqui; outras, mesmo não sendo o caso de compartilhar com os leitores, que me fizeram feliz ao recordar. Além do compartilhamento das técnicas, eu agradeço a acolhida em um esconderijo sereno em que minha energia e esperança foram revigoradas e fortalecidas.

**Acreditamos
nos livros**

Este livro foi composto em Fairfield LT Std
e impresso pela Gráfica Eskenazi para a Editora
Planeta do Brasil em outubro de 2020.